독자의 1초를
아껴주는 정성을 만나보세요!

세상이 아무리 바쁘게 돌아가더라도
책까지 아무렇게나 빨리 만들 수는 없습니다.
인스턴트 식품 같은 책보다
오래 익힌 술이나 장맛이 밴 책을 만들고 싶습니다.
땀 흘리며 일하는 당신을 위해
한 권 한 권 마음을 다해 만들겠습니다.
마지막 페이지에서 만날 새로운 당신을 위해
더 나은 길을 준비하겠습니다.

OYAKO DE MANABU SUMAHO TO NETTO WO ANSHIN NI TSUKAU HON
written by Tomoko Suzuki, supervised by Akira Sakamoto
Copyright © 2017 Tomoko Suzuki, Akira Sakamoto
All rights reserved.
Original Japanese edition published by Gijutsu-Hyoron Co., Ltd., Tokyo
This Korean language edition published by arrangement with Gijutsu-Hyoron Co., Ltd., Tokyo
in care of Tuttle-Mori Agency, Inc., Tokyo, through Botong Agency, Seoul.

이 책의 한국어판 저작권은 Botong Agency를 통한 저작권자와의 독점 계약으로 길벗이 소유합니다.
신 저작권법에 의하여 한국 내에서 보호를 받는 저작물이므로 무단전재와 무단복제를 금합니다.

야무진 아이의 안전한 스마트폰 생활

초판 발행 · 2023년 12월 12일

지은이 · 스즈키 토모코
감수 · 사카모토 아키라
옮긴이 · 송소정
발행인 · 이종원
발행처 · (주)도서출판 길벗
출판사 등록일 · 1990년 12월 24일
주소 · 서울시 마포구 월드컵로 10길 56(서교동)
대표전화 · 02)332-0931 | **팩스** · 02)323-0586
홈페이지 · www.gilbut.co.kr | **이메일** · gilbut@gilbut.co.kr

기획 및 책임 편집 · 김윤지(yunjikim@gilbut.co.kr) | **디자인** · 장기춘 | **제작** · 이준호, 손일순, 이진혁, 김우식
마케팅 · 김학흥, 박민수 | **유통혁신팀** · 한준희 | **영업관리** · 김명자 | **독자지원** · 윤정아

교정교열 · 김혜영 | **전산편집** · 도설아 | **출력 및 인쇄** · 정민 | **제본** · 경문제책

- 잘못된 책은 구입한 서점에서 바꿔 드립니다.
- 이 책은 저작권법에 따라 보호받는 저작물이므로 무단전재와 무단복제를 금합니다. 이 책의 전부 또는 일부를 이용하려면 반드시 사전에 저작권자와 ㈜도서출판 길벗의 서면 동의를 받아야 합니다.

ISBN 979-11-407-0744-7 73500 (길벗 도서번호 080383)

정가 15,000원

독자의 1초를 아껴주는 정성 **길벗출판사**

(주)도서출판 길벗 | IT교육서, IT단행본, 경제경영서, 어학&실용서, 인문교양서, 자녀교육서 www.gilbut.co.kr
길벗스쿨 | 국어학습, 수학학습, 어린이교양, 주니어 어학학습, 학습단행본 www.gilbutschool.co.kr

스마트폰이 생긴 십 대를 위한 필독서

야무진 아이의 안전한 스마트폰 생활

스즈키 토모코 지음
사카모토 아키라 감수
송소정 옮김

길벗

이 책을 시작하며

2008년 아이폰이 처음 나왔을 때 "이게 전화기라고?"라며 당황했던 사람조차 어느 틈엔가 스마트폰이 주는 편리함과 즐거움에 빠져든 지 오래입니다. 늘 인터넷에 연결되어 있는 이 작은 기기를 활용하면 길 찾기는 물론 지하철 환승 노선을 알아볼 수도 있고, SNS(소셜 네트워크 서비스)를 통해 친구의 근황을 한눈에 살펴볼 수도 있지요. 스마트폰으로 게임과 동영상을 즐기는 것도 일상의 한 모습으로 자리 잡았습니다.

아이들은 주위 어른들이 스마트폰으로 다양한 활동을 즐기는 모습을 수시로 봅니다. 그러니 생활 속에서 스마트폰에 흥미를 느끼고 그 매력을 알게 되는 것은 자연스러운 흐름이겠지요? 스마트폰으로 음악을 들으며 친구와 메시지를 주고받거나, 비슷한 또래가 춤추는 동영상을 보는 등 아이들은 나름대로 스마트폰과 인터넷을 즐깁니다.

스마트폰을 보다 보면 눈 깜짝할 사이에 시간이 흘러가 버리는 것은 어른이나 아이나 마찬가지입니다. 부모라면 '그 시간에 공부를 하든 잠을 자는 게 낫지.'라고 생각할 것입니다. '인터넷에 넘쳐나는 성인 콘텐츠를 못 보게 해야 할 텐데….' 또는 '온라인에서 나쁜 사람을 만나 사기를 당하지는 않을까?' 하는 불안감 때문에 아이가 스마트폰을 사용하지 못하도록 금지하는 가정도 있을 것입니다.

그러나 현대 사회에서 스마트폰과 인터넷을 아예 접하지 않고 지낸다는 것은 이미 어려운 일이 되었습니다. 오히려 스마트폰의 올바른 사용법을 어른도 아이도 적극적으로 배우는 것이 좋지요.

'배운다'고 하면 왠지 어려울 것 같지만, 스마트폰과 인터넷은 알면 알수록 우리 생활을 편리하게 해 주고 더 큰 즐거움을 선사합니다. 스마트폰과 인터넷이 미래로 이어지는 문 역할을 할 수도 있는데, '잘 모르니까 금지'만 하는 것은 안타까운 일입니다.

이 책에서는 스마트폰과 인터넷을 안전하게 사용하기 위해 주의해야 할 핵심을 정리했습니다. 스마트폰 사용법과 인터넷 트렌드는 매일 바뀝니다. 저는 IT 저널리스트로서 평소 늘 최신 정보를 파악하고 있습니다. 그런 만큼 이 책에는 스마트폰과 관련한 최신 내용을 가득 실었습니다. 또, 중·고등학생 딸들을 둔 엄마이기도 하기에 보호자인 학부모의 마음으로 이 책의 내용을 다루었습니다. 교육자로서의 관점은 전문가인 사카모토 선생님의 감수를 받았습니다. 중·고등학생 자녀와 그 부모님은 물론이고, 만화와 그림으로 이해하기 쉽게 설명했으니 그보다 어린 자녀도 즐겁게 읽을 수 있을 것입니다.

'인터넷과 스마트폰은 IT라서 어렵다'는 선입견을 버리고, 가까이에 있는 친구를 알아간다는 느낌으로 배우면 좋겠습니다. 인터넷과 스마트폰을 통해 앞으로 우리 사회에 어떤 변화가 생길지를 파악한다면 미래에 대한 막연한 불안감도 사라질 것입니다. 이 책이 여러분의 가정이 안심하고 살아가는 데 도움이 된다면 더할 나위 없이 행복할 것입니다.

IT 저널리스트 **스즈키 토모코**

이 책을 감수하며

자녀가 올바르게 스마트폰을 이용하고 있는지 걱정하는 부모님이 많을 것입니다. 실제로 스마트폰과 관련한 문제는 단 한 번의 클릭만으로도 일어날 수 있고, 자녀에게 장기적인 피해를 끼칠 수도 있습니다. 일반적으로 아이들은 장래에 자기에게 피해를 끼칠 문제를 대수롭지 않게 생각하는 경향이 있으며, 위험이 뒤따르는 행동을 쉽게 해 버립니다. 부모는 이러한 위험으로부터 자녀를 지켜야만 합니다. 이 책은 이 같은 부모님에게 스마트폰과 인터넷에 관련된 문제를 파악하고 이를 방지하는 방법을 알려 줍니다.

아이가 스마트폰과 관련한 문제에 가장 휩쓸리기 쉬운 시기는 처음 사용할 때입니다. 아직 스마트폰과 인터넷의 위험을 충분히 인식하지 못한 상태이기 때문이지요. 따라서 자녀에게 처음으로 스마트폰을 사 주려는 부모님이 있다면 이 책을 꼭 읽었으면 합니다. 스마트폰과 인터넷 사용에 따른 위험과 문제를 자녀에게 충분히 알려 주고, 이용 규칙을 만든 후 사용하게 하는 것이 좋습니다.

자녀가 스마트폰과 인터넷을 처음 접할 때는 사용해도 좋은 애플리케이션과 기능, 접속해도 괜찮은 웹 사이트 등으로 범위를 제한하는 것이 바람직합니다. 자녀가 점차 익숙해지는 모습을 지켜보며 사용해도 좋은 범위를 조금씩 넓혀 갑니다. 예를 들면 맨 처음에는 웹 사이트 열람만 허락하고, 그 후에 다른 사람과 의사소통하는 것을 허락하는 식이지요. 의사소통하는 대상도 처음에는 가족 구성원으로 한정하면 안심할 수 있습니다. 그다음에 아는 사람들과 의사소통하는 것을 허락하고, 최종적으로 모르는 사람과 의사소통하는 것까지 단계적으로 범위를 넓히는 것을 권장합니다.

이렇게 하면 아이가 안전한 환경에서 스마트폰과 인터넷을 활용하는 동시에 문제를 피하는 힘을 기를 수 있습니다. 오히려 스마트폰과 인터넷을 계속 금지하다가 특정한 나이가 되었을 때 갑자기 제한 없이 사용하게 하는 것이 더 위험합니다. 단계적으로 활용하는 방법을 학습해야 하는 이유입니다.

필터링과 유해 콘텐츠 차단 기능을 사용하거나, 가정에서 규칙을 세워 단계적인 활용을 실천에 옮긴다면 인터넷과 스마트폰을 안전하게 이용할 수 있을 것입니다. 그리고 이를 위해서는 스마트폰과 인터넷 관련 문제와 방지 방법을 어느 정도 상세히 알 필요가 있습니다.

마지막으로 말씀드리고 싶은 것은 '부모의 스마트폰 및 인터넷 이용 자세가 중요하다'는 점입니다. 예를 들어 부모가 다른 일을 하면서도 계속 스마트폰을 본다면, 아이가 스마트폰 사용을 절제하지 못할 때 주의를 주어도 교육적으로 설득력이 없습니다. 자녀가 스마트폰과 인터넷을 적절하게 사용하기 바란다면 부모가 먼저 모범이 되어야 합니다. 자녀의 스마트폰과 인터넷 이용에 대해 걱정하는 부모님에게 부디 이 책이 조금이라도 도움이 되기를 바랍니다.

오차노미즈 여자 대학 **사카모토 아키라**

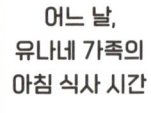

차례

제1장  스마트폰과 인터넷, 기본만 알아도 걱정 끝!

01	인터넷이란 도대체 무엇일까요?	020
02	인터넷으로 연결되는 것들은?	022
03	SNS의 종류에는 어떤 것이 있나요?	024
04	인터넷에 있는 정보는 전 세계에 공개돼요!	026
05	인터넷에 한 번 유출된 정보는 없애기 어려워요!	028
06	인터넷의 익명성은 생각보다 높지 않아요!	030
07	인터넷에는 악의를 가진 사람도 많다고요?	032
08	인터넷으로 찾은 정보, 다 믿어도 될까요?	034
09	스마트폰과 인터넷을 금지하면 안전할까요?	036
10	부모에게도 공부가 필요해요!	038
11	아이가 인터넷에 부모의 이름을 검색할 수도 있어요!	040
`미리미리 체크업 1` 인터넷에 연결될 때와 안 될 때의 차이를 알아 둬요		042
`미리미리 체크업 2` 트위터에서 학교 이름을 검색해 봐요		043
`읽을거리` SNS의 친구 추천 시스템		044

제2장  인터넷에 떠도는 거짓 정보, 이렇게 대응해요!

12	인터넷에 떠도는 거짓 정보에 속지 마세요!	048
13	나쁜 영향을 미치는 유해 정보를 막으려면?	050
14	나쁜 동영상은 절대로 따라 하지 마세요!	052

15	지나친 장난을 다룬 게시물은 절대로 올리면 안 돼요!	054
16	위험한 애플리케이션을 주의하세요!	056
17	유해 정보 필터링 서비스란?	058

- **미리미리 체크업 1** 인터넷에 떠도는 거짓 정보를 부모와 자녀가 공유해요 · 060
- **미리미리 체크업 2** 지나친 장난을 다룬 게시물을 살펴보며, 함께 이야기를 나눠요 · 061
- **미리미리 체크업 3** 악의적인 게시물을 보면 삭제를 요청해요 · 062
- **미리미리 체크업 4** 유료 필터링 소프트웨어를 구입하는 것도 좋아요 · 063
- **읽을거리** 유튜브에서 필터링 설정하는 방법 · 064

제3장 나를 지키는 올바른 SNS & 이메일 사용법

18	SNS에서 알게 된 사람을 실제로 만나면 위험해요!	068
19	SNS로 '행운의 편지' 같은 체인 메일이 온다면?	070
20	사이버 따돌림으로부터 나를 지키려면?	072
21	트위터에 글을 올릴 때는 한 번 더 생각하고 올리기!	074
22	'SNS 피로 증후군'이란 무엇일까요?	076
23	인터넷에서 나에 대한 험담을 발견했다면?	078
24	악플이 여러 개 달리면 어떻게 해야 할까요?	080
25	개인 정보는 어디까지 보여 주어야 할까요?	082
26	악의적인 메일은 무시해요!	084
27	잠깐! 사기에 주의해요!	086
28	사진에도 개인 정보가 포함되어 있다고요?	088

013

차례

29	우리가 몰랐던 또 다른 SNS들	090
미리미리 체크업 1	온 가족이 함께 SNS를 활용해요	092
미리미리 체크업 2	SNS에서 일어나는 범죄를 이해해요	093
미리미리 체크업 3	평소 쓰는 말투를 주의해요	094
미리미리 체크업 4	사이버 따돌림을 당한다면 학교에 상담을 요청해요	095
읽을거리	인스타그램의 스토리란?	096

제 4 장 돈 문제는 조심 또 조심!

30	인터넷 쇼핑을 할 때 주의할 점	100
31	개인끼리 거래할 때는 이 점에 주의해요!	102
32	인앱 결제, 방심하지 마세요!	104
33	신용 카드 관리는 확실하게!	106
34	온라인에서 필요한 돈은 부모가 내는 게 좋아요!	108
35	라이브 방송에는 '돈을 보내 후원하는' 시스템이 있다고요?	110
미리미리 체크업 1	아이의 경제 감각을 키워요	112
미리미리 체크업 2	부모도 낭비하지 않아요	113
읽을거리	자녀에게 알뜰폰을 권해 보세요!	114

제 5 장 스마트폰, 적당한 거리를 두고 매너 있게 사용해요!

36	스마트폰을 지나치게 자주, 오래 사용하는 것을 예방하려면?	118

014

37	걸어가며 스마트폰을 사용하면 정말 위험해요!	120
38	가게에 진열된 상품을 허락 없이 촬영하면 안 돼요!	122
39	공공장소에 맞는 스마트폰 매너를 알아 두세요!	124
40	혹시 사진에 다른 사람의 얼굴이 찍히지는 않았나요?	126

미리미리 체크업 1) 공공장소에서는 폐가 되지 않도록 설정해요 … 128
미리미리 체크업 2) 가족이 함께 규칙을 정해요 … 129
읽을거리) 인스타 감성으로 너무 치우치면 위험해요 … 130

제 6 장 잠깐! 저작권과 보안은 확실히 확인했나요?

41	인터넷에 올라온 동영상과 글에는 저작권이 있다고요?	134
42	이런 것들은 인터넷에 올리면 안 돼요!	136
43	불법 다운로드를 하지 않도록 주의해요!	138
44	너무 쉬운 비밀번호는 위험해요!	140
45	100문 100답 앙케이트로 내 개인 정보가 빠져나간다고요?	142

미리미리 체크업 1) 보안 소프트웨어를 설치해요 … 144
미리미리 체크업 2) 해킹당했을 때는 서비스 운영사에 연락해요 … 145
읽을거리) 가족이 함께 지키는 스마트폰 & 인터넷 규칙 12가지 … 146

부록 1) 스마트폰 의존에서 벗어나요 … 150
부록 2) 인터넷과 스마트폰 사용을 조절하도록 도와줘요 … 153

등장인물

아빠

유나에게 스마트폰을 사 주는 일로 이런저런 걱정을 하는 직장인이에요.

엄마

열심히 자녀를 키우며, 먹는 것을 매우 좋아하는 가정주부예요.

유나

중학교 입학 선물로 스마트폰을 받아 신이 났지만, 여러 가지로 고민이 많은 중학교 1학년이에요.

우진

태블릿으로 유튜브를 보고, 엄마 스마트폰으로 게임 하는 것을 매우 좋아하는 초등학교 3학년이에요.

슬기 쌤

유나네 이웃에 사는 IT 전문가예요. 스마트폰과 인터넷을 올바르게 사용하는 방법을 알려 줘요.

제1장

스마트폰과 인터넷, 기본만 알아도 걱정 끝!

01 **인터넷**이란 도대체 무엇일까요?

스마트폰은 전화기보다는 개인 컴퓨터에 가까운 기기입니다. 그 이유 중 하나는 스마트폰이 '인터넷'에 연결되어 있기 때문입니다. 스마트폰으로는 전화 통화 외에 사진을 촬영할 수도 있고, 아는 사람의 전화번호와 정보를 주소록으로 저장할 수도 있습니다. 인터넷을 통해 외부에 있는 컴퓨터 및 다른 스마트폰과 연결해 메일과 웹 사이트를 이용할 수도 있지요.

스마트폰을 어디에서나 인터넷에 연결하려면 이동통신사와 통신 계약을 맺어야 합니다. <mark>그러면 스마트폰은 이동통신사의 기지국에 전파로 이어지고 이동통신사의 서버를 경유해 인터넷</mark>과 연결됩니다. 집이나 카페, 회사 같은 실내에서는 '와이파이'라는 무선 랜으로 접속할 수도 있지요. 이때는 고정 전화 회선과 광회선 등을 이용해, 통신 계약을 맺은 인터넷 서비스 제공사의 서버를 거쳐 인터넷에 연결됩니다. 이 경우 '무선 라우터'라는 기기를 통해 인터넷을 이용할 수 있습니다.

간단하게 말하면, <mark>인터넷은 전 세계의 컴퓨터를 연결하는 네트워크</mark>입니다. 본래는 군사 목적으로 개발되었는데, 1969년에 4대의 컴퓨터를 전화 회선으로 연결해 1대가 파괴되어도 남은 컴퓨터로 가동할 수 있게 한 '아파넷(ARPANET)'이 그 시작입니다. 여기에서부터 국경을 넘어 거미줄처럼 네트워크가 퍼져 나가 현재의 인터넷이 되었지요. 인터넷은 중심이 되는 컴퓨터가 있는 것도 아니고, 관리자가 정해져 있지도 않습니다. <mark>이용하는 사람들이 각자 자유롭게 사용하는 네트워크</mark>가 바로 인터넷입니다.

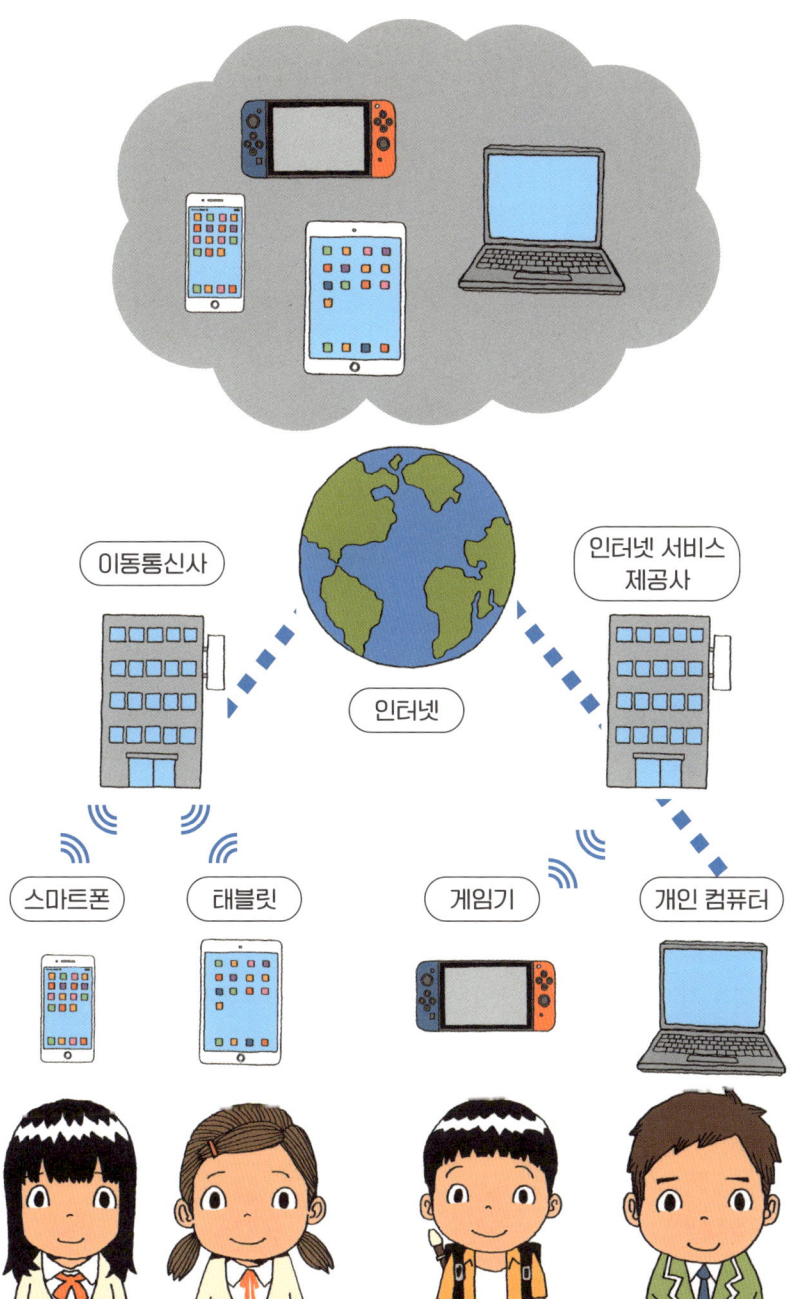

02 인터넷으로 **연결**되는 것들은?

앞 장에서 스마트폰이 인터넷으로 연결된다고 이야기했습니다. 스마트폰 외에도 우리 주변에는 인터넷으로 연결되는 기기가 많습니다.

예를 들면, 스마트폰보다 화면 크기가 한층 큰 **태블릿과 개인 컴퓨터**가 있지요. **게임기**로도 인터넷에 연결해 게임 소프트웨어를 다운로드 하거나 웹 사이트에 접속할 수 있습니다. **음악 플레이어**로도 인터넷을 통해 곡을 다운로드 하거나 애플리케이션을 이용할 수 있지요. 심지어 TV나 냉장고 같은 **가전제품**도 인터넷으로 연결됩니다. 이처럼 **다양한 제품이 인터넷으로 연결되는 것을 사물인터넷이라고 합니다.** 사물인터넷은 현재 널리 사용되는 시스템이기도 합니다. 기기들을 이렇게 인터넷으로 연결하면 여러 가지로 편리해요. 예를 들어, 스마트폰으로 지하철 시간표를 검색하거나 약속 장소의 지도를 친구와 공유할 수 있습니다. 근처 가게에서는 구하기 어려운 상품을 인터넷 쇼핑으로 주문할 수도 있고, 온라인 뱅킹으로 집에서 돈을 보낼 수도 있지요. 음악 플레이어로 최신곡을 다운로드 해서 손쉽게 들을 수도 있습니다. 친구와 각자 집에서 같은 게임을 즐기며 메시지로 대화할 수도 있고요. 최근에는 외부에서 집 안의 조명을 켜기도 하고, 정해 둔 시간에 에어컨이 자동으로 켜지도록 예약하기도 합니다. 인터넷 덕분에 우리 생활은 점점 윤택해지고 있답니다.

인터넷은 다양한 기기를 연결해요

제1장

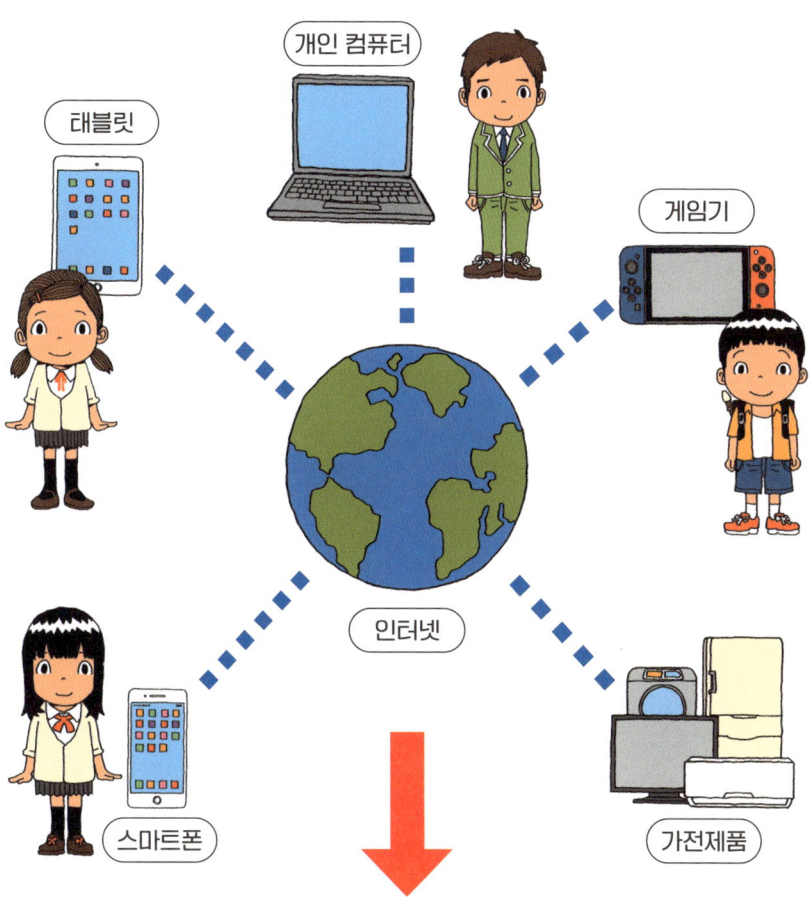

✦ **인터넷에 연결하면 할 수 있는 것들**

· 지하철 시간표를 알아봐요.
  약속 장소의 지도를 살펴봐요.
· 지역의 날씨 예보를 확인해요.
· 온라인 뱅킹으로 돈을 보내고 받아요.

· 좋아하는 곡을 구입해 다운로드 해요.
· 온라인으로 게임을 즐겨요.
· 밖에서 집 안의 가전제품을 켜고 꺼요.

03 SNS의 종류에는 어떤 것이 있나요?

혹시 **페이스북과 트위터**[2023년 7월부터 트위터의 이름이 엑스(X)로 바뀌었으나, 이 책에서는 널리 알려진 이름인 '트위터'로 표기했어요]를 사용하나요? **온라인에서 사람과 사람을 연결해 서로 교류하게 해 주는 서비스를 SNS(Social Network Service) 또는 소셜 네트워크 서비스**라고 합니다. SNS를 이용하려면 먼저 계정을 등록하고, 프로필 사진이나 자신을 소개하는 글을 입력해야 합니다.

많이 이용하는 SNS 중에 페이스북은 실명으로 계정을 등록하는 것이 기본입니다. 아는 사람과 '친구'로 이어지고, 자기와 친구의 글에 '좋아요'와 댓글을 달며 교류하지요. 글자 수 140자 이내로 '게시물'을 올리는 트위터는 익명으로 등록하는 사람도 많고, 교류보다는 정보 수집의 수단으로 이용하는 사람도 많습니다. **카카오톡**은 우리나라의 대표적인 모바일 메신저 애플리케이션으로, 메시지 주고받기가 중심입니다. **라인**도 카카오톡과 비슷합니다. 최근에는 사진으로 교류하는 **인스타그램**이 인기를 끌고 있지요. 짧은 동영상을 기반으로 하는 **틱톡**도 사용자 수가 급상승하고 있습니다.

SNS는 다른 사람과 더욱 즐겁게 교류하게 해 주는 서비스입니다. 하지만 **친구가 어디에서 뭘 하며 지내는지 신경 쓰느라 하루에도 몇 번이고 SNS를 보는 'SNS 의존증'**과 **SNS 활동을 지나치게 많이 해 정신을 소모하는 'SNS 피로 증후군'**이 문제가 되기도 합니다. SNS에 자기만의 속도로 접근하는 방법을 고민해 보면 어떨까요?

SNS는 사람과 사람이 즐겁게 교류하도록 도와주는 서비스

잘 이용하면…
- 다른 사람과 교류할 수 있어요.
- 다양한 정보를 얻을 수 있어요.

지나치면…
- SNS 의존증
- SNS 피로 증후군

04 인터넷에 있는 정보는 전 세계에 공개돼요!

인터넷은 전 세계에 이어져 있습니다. 지구 반대편 해외에서 올린 게시물이 내 스마트폰에 즉시 올라오기도 하고, 먼 장소에서 개최되는 축제를 생중계로 감상할 수도 있습니다. 또, 원하는 상품을 근처에서 살 수 없을 때도 인터넷 쇼핑몰에서는 구입할 수 있지요. 인터넷은 검색에도 안성맞춤입니다. 세상에 별로 알려지지 않은 정보는 물론, 그 바탕이 되는 뉴스와 자료를 직접 검색해 알아볼 수 있으니까요.

인터넷에서는 **정보를 받아들일 뿐 아니라 누구나 정보를 제공**할 수 있습니다. 자기 생각을 블로그에 쓰거나, 귀중한 순간을 포착한 사진을 SNS에 올리는 등 자신의 정보를 인터넷에 곧장 올릴 수 있지요. 스마트폰을 사용하면 이렇게 편리한 인터넷을 자유롭게 이용할 수 있습니다. 그 장점을 살린 서비스도 다양하게 제공되고 있답니다.

그런데 인터넷을 이용하는 사람이 전부 좋은 사람이라고 할 수는 없습니다. 그중에는 인터넷을 이용해 사기나 범죄를 저지르려는 사람, 앙심을 품고 다른 사람을 깎아내리려는 사람 등 나쁜 사람도 있거든요. 안타까운 것은 그런 **나쁜 사람들에게도 인터넷은 편리한 도구**라는 점이에요.

다시 말해, **이처럼 편리한 인터넷은 우리 생활을 풍요롭게 하는 한편으로 문제에 휘말릴 위험성도 지니고 있습니다.** 어떤 경우에는 문제가 국내에 그치지 않고 전 세계에 퍼져 나갈 가능성도 있지요. 과장된 이야기라고 느낄지도 모르겠지만, 인터넷이 전 세계로 이어져 있다는 사실을 늘 잊지 말아야겠습니다.

인터넷을 통해 나쁜 사람과 이어질 가능성도 있어요

027

05 인터넷에 한 번 **유출된 정보**는 없애기 어려워요!

인터넷은 전 세계를 컴퓨터로 연결하는 네트워크입니다. 스마트폰과 개인 컴퓨터 등 무수한 기기가 인터넷과 이어져 있지요. 만약 인터넷에 남에게 알리고 싶지 않은 내 정보와 동영상이 올라간다면 어떻게 될까요?

2013년 10월, 일본에서는 '미타카 스토커 살인 사건'이라는 참혹한 살인 사건이 발생했습니다. 피해자인 여고생은 범인에게 스토킹을 당해 결국 생명을 빼앗기고 말았습니다. 이 여고생은 '디지털 성범죄' 피해도 입었습니다.

디지털 성범죄란 어떤 사람의 성적인 사진을 본인의 동의 없이 인터넷에 퍼뜨리는 행위를 말합니다. 위 사건의 범인은 교제하며 촬영한 피해자의 사진과 동영상을 미국의 한 동영상 사이트에 올렸습니다. 살인 사건이 발생한 뒤 그 사실이 알려지며 피해자의 사진과 동영상이 눈 깜짝할 사이에 인터넷에 퍼졌지요. 이렇게 되면 이것들을 완전히 지우는 일은 불가능합니다. 사진과 동영상이 올라간 사이트 운영자에게 요청해 삭제할 수도 있지만, 이미 누군가 자신의 스마트폰과 컴퓨터에 그 사진과 동영상을 저장했을 가능성도 무시할 수 없거든요. 이런 것들을 전부 확인하고 삭제하기는 현실적으로 어렵습니다.

꼭 외설적인 사진이 아니어도 ==본인의 중요한 사진과 동영상, 글 등이 인터넷에 한 번 올라가면 누군가가 저장할 가능성==이 있습니다. 그리고 ==본인에게 물어보지도 않고 누군가 마음대로 어딘가에 게시할== 수도 있겠지요.

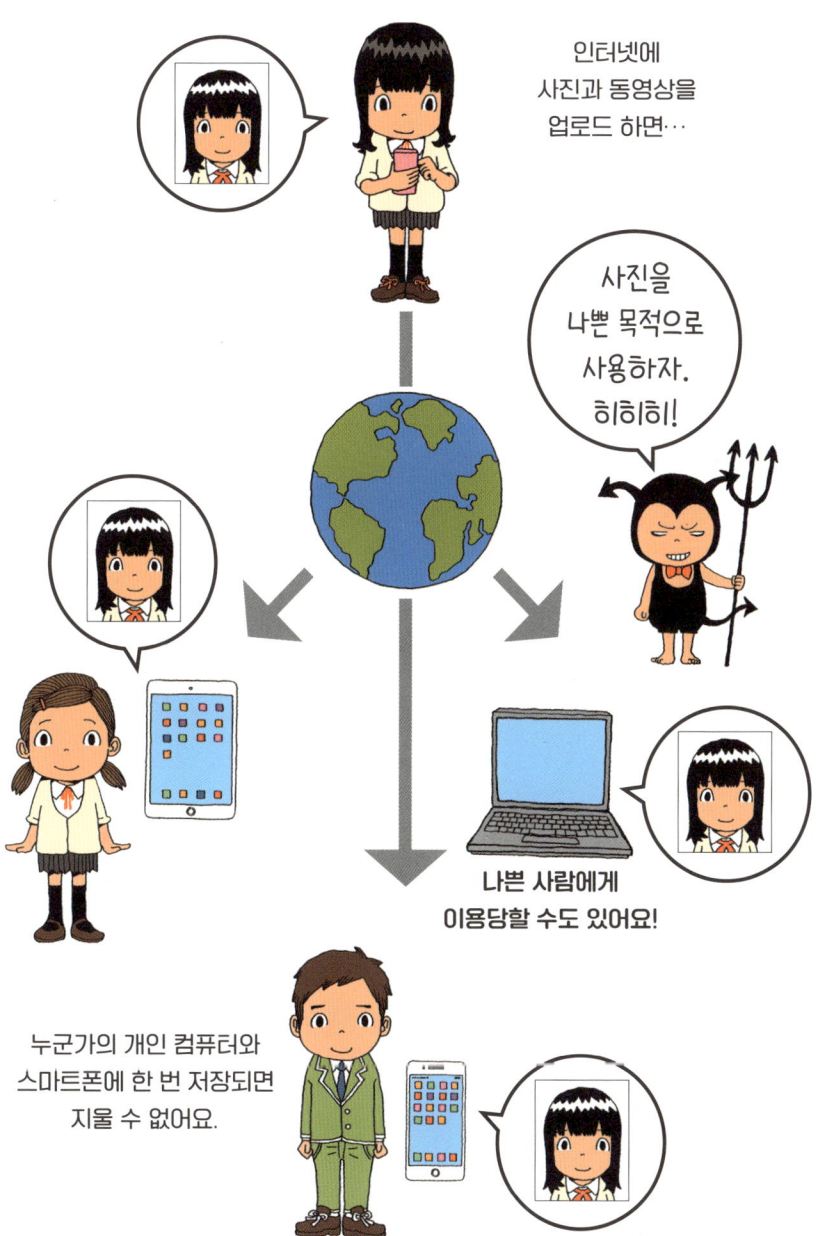

06 인터넷의 **익명성**은 생각보다 높지 않아요!

인터넷에는 익명으로 글을 올릴 수 있는 곳이 많습니다. 익명이란 이름을 밝히지 않는 것을 말합니다. 게시판과 뉴스 사이트의 댓글 창에는 실명을 밝히지 않고 나쁜 의도로 글을 쓰는 사람이 종종 있습니다. 익명으로 트위터 계정을 만들어 유명인의 계정을 찾아가 트집 잡는 사람도 있지요. 이런 사람들은 자기가 누구인지 아무도 모를 거라 믿고, 하고 싶은 말을 거침없이 합니다.

그러나 <u>인터넷에 제아무리 익명으로 글을 올려도 본인이 누구인지 신원이 쉽게 탄로날 수 있다는 점을 알아야 합니다.</u> 특히 트위터에서는 프로필 내용이나 팔로우, 팔로워, 과거의 게시물 등을 보면 현재 사는 지역과 연령을 유추할 수 있습니다. 프로필에 실명을 쓰지 않아도 계정 이름인 알파벳에 실명을 넣거나 페이스북 등 다른 SNS에 흔적이 남아 있다면, 이를 비교해 얼굴 사진과 가족 구성원을 판명하여 누구인지 알아낼 수 있지요. 과거에 트위터에서 문제가 되는 말을 반복한 국가 공무원을 구체적으로 지정해 처분한 사례도 있었습니다. 이 같은 '신원 탄로'는 인터넷에서 신원을 찾아내는 것을 취미로 하는 '방구석 코난' 혹은 '네티즌 수사대'로 불리는 사람들에 의해 불과 수시간 만에 이루어집니다. 심지어 익명으로 글을 올리는 게시판이라 할지라도, 경찰이 정당한 이유로 정보를 요청한다면 개인의 신원이 드러날 수도 있습니다.

또, 인터넷 게시판에서는 자신에게 잘못이 없어도 '<u>악성 댓글이 쏟아지는</u>' 소동에 <u>휘말릴 가능성</u>이 있습니다. 인터넷을 아주 자유로운 공간으로 생각하기 쉬운데, 사실은 그렇지 않아요. 우리가 사는 현실 세계와 매우 비슷하답니다.

의외로 낮은 인터넷의 익명성

익명으로 SNS를 이용해도…

- 다른 SNS의 흔적
- 프로필
- 과거의 게시물

- 계정 이름
- 팔로우
- 팔로워
- 게시한 사진

여러 SNS의 정보를 비교해 개인을 명확히 지정할 수 있어요.

정유나
- 13세
- 길벗 중학교 1학년
- 가족은 부모님, 남동생
- 아이돌 K의 팬

게시판에 익명으로 글을 써도 경찰이 찾아낼 수 있어요.

익명이니까 뭐든 써도 괜찮아!

익명이라도 찾을 수 있다고!

제1장

07 인터넷에는 **악의**를 가진 사람도 많다고요?

보통 사람들은 평소에 범죄자를 만날 일이 드뭅니다. 혹시 만나더라도 모르는 사람이 말을 건다고 해서 갑자기 마음을 열고 가까워지지는 않지요. 상대의 모습이나 대화 내용을 토대로 어떤 사람인지 파악하고 '이 사람은 믿을 수 있다'고 판단한 뒤 교류를 시작하는 것이 보통입니다.

그런데 <mark>인터넷에서는 상대의 모습이 보이지 않습니다.</mark> 게시판과 SNS 등 오로지 글자로만 오가는 대화에서는 거짓말하기도 쉽습니다. 실제 현실에서는 돈을 가로채는 사기를 치기가 어려워도, 인터넷이라면 신분을 속여 쉽게 해치울 수 있지요. 최근 인터넷의 이와 같은 특성을 이용한 범죄가 늘고 있습니다. 예를 들어 같은 나이대의 여학생으로 속여 여고생에게 접근하는 범죄자도 있고, 사소한 호기심에 모르는 사람과 만나는 '인터넷 만남 사이트'를 이용했다가 다단계 판매를 하라는 권유를 받는 사건도 있습니다. 일본에서는 SNS로 라인에서 쓸 수 있는 '유료 스티커를 주겠다'는 꾐에 넘어간 초등학생이 자신의 나체 사진을 보낸 사건도 있었습니다. 범인인 남자는 체포되었지만, 그 초등학생은 자신의 사진이 어떻게 이용될지 상상도 못 했을 것입니다.

인터넷으로 교류하는 상대의 정보는 조금밖에 얻을 수 없습니다. 서로 처음 알게 된 애플리케이션이 차단되면 상대를 찾을 수 없는 경우도 있고요. 그러므로 <mark>인터넷으로 교류하는 상대라면, 실제로 만날 때보다 신중하게 그 사람의 됨됨이를 판단</mark>하는 게 좋습니다.

인터넷에서는 상대의 모습이 보이지 않으니 더더욱 신중하게!

제 1 장

SNS에서 같은 나이라며 말을 걸어와도…

넌 이름이 뭐야?
어디에 살아?
학교는?

같은 나이의 여학생인 척하자.

학생인 척하는 나쁜 사람일 수도 있으니 주의하세요!

08 인터넷으로 찾은 정보, 다 믿어도 될까요?

인터넷을 사용하면 전 세계의 웹 사이트를 볼 수 있습니다. 어떤 정보를 찾을 때 우리는 구글이나 네이버 같은 포털 사이트에서 검색을 합니다. 그러면 관련된 웹 사이트가 표시되고 각 사이트에서 내가 찾던 정보를 얻을 수 있습니다.

이때 검색 결과 상위에 자주 표시되는 사이트 중 하나가 '위키피디아'입니다. 위키피디아는 '인터넷 백과사전'을 목표로 하며, 각각의 주제에 관심 있는 사람들이 자발적으로 참여해 편집하는 방식으로 운영됩니다. 깔끔하게 정리되어 있고 정확하고 올바른 정보가 적혀 있는 것처럼 보이지만, **확실하게 믿을 수 있다고는 할 수 없어요**. 신문과 서적, 잡지와 달리 **전문가와 책임자가 내용이 맞는지 확인하지 않기** 때문이지요.

위키피디아 외에도 '나무위키'를 비롯해 비슷한 사이트들이 여럿 있습니다. 다른 블로그와 SNS의 내용을 자기 생각으로 정리하는 '정리 사이트'와 '연예인 뒷이야기' 등으로 관심을 끄는 웹 사이트는 **그 사이트를 만들거나 이용하는 사람의 개인적인 생각과 의견으로 구성된 경우가 대부분**입니다. 이와 같이 인터넷에서 발견한 정보가 진짜인지 가짜인지를 간단하게 판별하기는 쉽지 않답니다. 물론 인터넷에는 올바르고 유용한 정보도 많아요. 그러니 **넘쳐나는 정보 속에서 올바른 정보를 구분하는 힘**을 기르기를 바랍니다.

09 스마트폰과 인터넷을 **금지**하면 안전할까요?

인터넷에는 거짓 정보가 많아 범죄자와 만날 위험이 있으니, 차라리 아이가 인터넷을 이용하지 못하도록 금지하고 싶은 것이 부모의 마음입니다. 그러나 인터넷 사용이 일상인 세상에서 **아이가 인터넷을 사용하지 못하게 완전히 차단하는 것은 현실적이지 않습니다.** 아이는 학교 수업에서 인터넷을 이용해 뭔가 조사하기도 하고, 개인 컴퓨터와 태블릿을 사용하는 IT/디지털 교육을 받기도 합니다. 무엇보다도 가정에서 부모가 스마트폰을 사용하는 모습을 날마다 보지요.

국내 육아정책연구소가 2020년에 만 6세 이하 영유아 자녀를 둔 부모 602명을 대상으로 설문조사를 실시한 결과, 357명(59.3%)이 자녀가 스마트폰, 태블릿 등 스마트 기기를 사용한다고 답했습니다. 영유아가 최초로 스마트폰을 사용하는 시기로는 '12개월 이상~24개월 미만(45.1%)'이 가장 많았습니다. 그다음이 '24개월 이상~36개월 미만(20.2%)', '36개월 이상~48개월 미만(15.1%)' 순이었습니다. 만 3세 이전부터 스마트폰으로 동영상이나 게임을 접하는 아이가 그만큼 많다는 것을 알 수 있습니다. 이제 **아이가 인터넷과 스마트폰을 접하지 않게 하기는 어렵고, 올바르게 사용하는 법을 가르쳐야** 합니다.

인터넷과 스마트폰으로 인해 일어나는 문제는 확실하게 대응하면 줄일 수 있습니다. 문제가 일어날까 봐 두려워서 인터넷으로 얻을 수 있는 지식과 의미 있는 교류를 아예 차단하는 것은 매우 안타까운 일입니다. 부모가 아이를 올바르게 안내하는 것이 중요합니다.

무조건 금지하지 말고, 인터넷의 올바른 사용법을 알려 주는 게 중요해요

제1장

■ 영유아 자녀가 최초로 스마트폰을 사용하는 시기

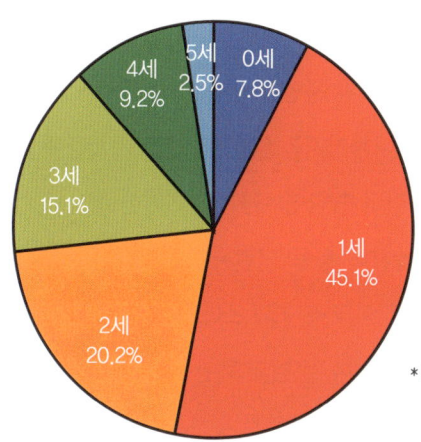

- 0세 7.8%
- 1세 45.1%
- 2세 20.2%
- 3세 15.1%
- 4세 9.2%
- 5세 2.5%

* 출처: 육아정책연구소(kicce.re.kr) '영유아 스마트 미디어 사용 실태 및 부모 인식 분석' 보고서 (2019년 12월 31일)

부모는 아이가 올바른 방법으로 인터넷을 접하도록 안내해요.

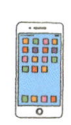

부모가 어린이용 동영상을 찾아 보여 주는 것도 방법이겠지?

이렇게 어린 아이도 인터넷을 사용한다고?

아이가 인터넷을 올바르게 쓸 수 있도록 알려 주어요!

10 부모에게도 **공부**가 필요해요!

아이에게 스마트폰을 줄 때 부모는 어쩐지 불안합니다. '스마트폰에 빠져 공부를 소홀히 하는 것은 아닐까, 눈이 나빠지지는 않을까, 단체 카톡방에서 따돌림당하는 것은 아닐까, 위험한 사람과 만나면 어쩌나, 유해한 정보를 접하지는 않을까, 요금이 많이 나오면 어쩌나' 등등 이런저런 걱정이 들 수 있지요. 공부와 건강 관리 문제는 따로 생각하고, <u>SNS와 스마트폰 요금에 관한 불안은 IT 지식을 잘 이해하면 해결</u>할 수 있습니다. 우리의 불안을 높이는 것은 바로 '모른다'는 사실입니다. 아이도 스마트폰을 이해하지 못하는 부모에게는 그와 관련한 고민을 상담하지 않습니다.

이럴 때 효과적인 것은 <u>부모가 스마트폰과 인터넷을 적극적으로 활용하며, 그 편리함과 즐거움을 직접 경험해 보는</u> 것입니다. 물론 아이 앞에서 장시간 사용하는 것은 피해야 하지만, 우선 카카오톡이나 인스타그램, 트위터 등 아이가 좋아하는 서비스를 부모가 직접 써 보는 것이 중요합니다. 예를 들어 단체 카톡방에서는 메시지를 보내는 타이밍을 맞추기 어렵다거나, <u>빠져나올 계기를 찾기가 어렵다</u>는 것을 스스로 경험해 보면 깨닫는 점이 많을 것입니다.

주변에 SNS를 사용하는 사람이 별로 없다면 가족끼리 사용하는 것도 추천합니다. 평소에는 대화를 잘 하지 않던 아이가 채팅으로는 말을 걸어 오는 경우도 있습니다. 유튜브에서 유행하는 동영상을 아이와 함께 봐도 즐겁겠지요? <u>스마트폰과 인터넷을 그저 두려워하지만 말고 부모가 함께 배우는 자세를 보인다면</u>, 아이와의 거리도 한층 줄어들 것입니다.

인터넷을 잘 이해하면, 그로 인한 불안감을 줄일 수 있어요

부모도 SNS를 사용해 보고, 어떤 것인지 파악하는 것이 중요!

 오늘 저녁은 뭐예요?

네가 좋아하는 닭튀김!

 와! 엄마, 사랑해요♡

빨리 집에 와서 도와줘~

 도와주면 우진이보다 많이 주실 거예요?

우진이도 도와주겠다고 했어^^

11 아이가 인터넷에 부모의 이름을 검색할 수도 있어요!

이 책은 인터넷과 스마트폰을 자세히 모르는 사람을 대상으로 하지만, 이 책의 독자 중에는 이미 인터넷을 익숙하게 사용하는 사람도 많을 것입니다. 과거 PC 통신 시절부터 인터넷 사용 경력만 몇십 년인 사람도 있겠지요. 그런 사람이라면 이번 기회에 홈페이지와 블로그, <mark>SNS에 지금까지 자기가 올린 내용을 점검하기</mark>를 권합니다.

그 이유는 아이가 간혹 인터넷에서 부모 이름을 검색하기 때문입니다. "아빠(또는 엄마)는 SNS를 하지 않아."라고 말해도 아이는 이름과 닉네임으로 부모의 계정을 곧잘 찾아냅니다. 학교 수업에서 개인용 컴퓨터를 사용할 때 한 명이 자기 부모 이름을 검색하면 다른 아이도 이를 흉내 내는데, 그때 '철없던 시절에 싸운 이야기'나 '연애 이야기' 등을 발견한다면 아이에게 부모로서 부끄럽겠지요. 정치나 종교와 관련된 의견을 과격한 표현을 써 가며 올렸다면, 법률상으로는 문제가 없을지라도 아이는 자기가 몰랐던 부모의 일면을 보고 충격받을 가능성이 있습니다. <mark>그런 것들을 재점검해 지울 수 있는 것은 지워 두세요.</mark> 가족이 공유하는 노트북이나 태블릿을 같은 계정으로 이용해, <mark>아이가 인터넷을 어떻게 사용하는지 부모가 확인할 수 있다면</mark> 가장 좋습니다. 다만, 이때 아이가 '북마크'와 검색 이력 등을 통해 부모의 취향을 알게 될 수도 있으니, <mark>방문 기록 및 검색 이력과 문자 입력 자동 완성 기능을 초기화해 둔다면</mark> 안심할 수 있겠지요?

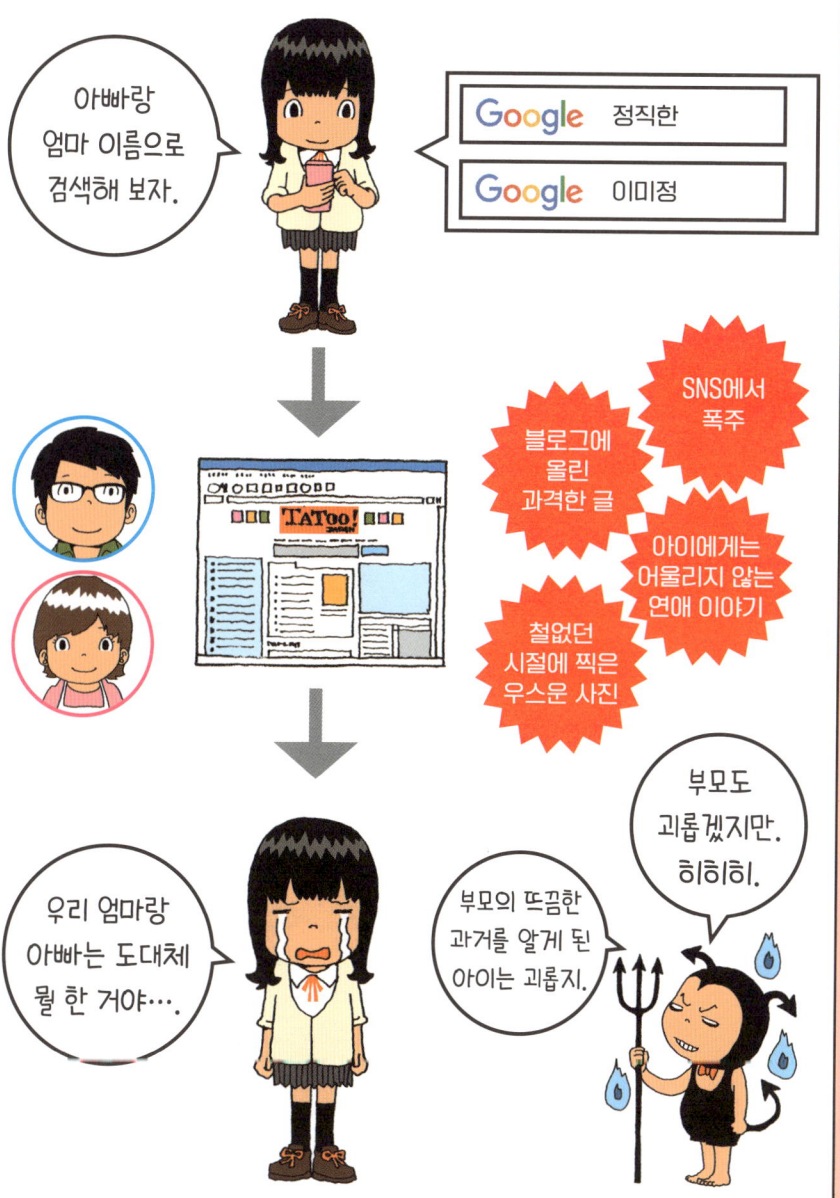

미리미리 체크업

첫째 **인터넷에 연결될 때와 안 될 때의 차이를 알아 둬요**

스마트폰은 대부분 인터넷과 연결되어 있으므로, 이용자 입장에서는 자기가 언제 인터넷을 사용하는지를 스스로 의식할 기회가 없습니다. 그래서 스마트폰의 기능 중 <u>어떤 것이 인터넷 서비스이고 어떤 것이 아닌지를 알면,</u> 자기가 인터넷을 자주 이용한다는 것을 깨달을 수 있습니다.

스마트폰을 '비행기 모드'로 변경해 와이파이(Wi-Fi) 연결을 끊고, 개인용 컴퓨터와 태블릿도 와이파이 연결을 끊습니다. 이렇게 했을 때 작동하지 않는 기능은 그동안 인터넷을 이용한 것이었다는 사실을 실감할 수 있지요. 평소 자주 하던 스마트폰 게임도 인터넷에 연결되어 있었다는 것 등 의외의 발견을 할 수 있답니다.

스마트폰을 비행기 모드로 바꾸는 법

안드로이드폰의 비행기 모드

화면의 상단 바를 아래쪽으로 드래그 하면 나오는 '빠른 설정 창' 또는 '설정' 애플리케이션에서 비행기 모드를 켜고 끌 수 있어요.

아이폰의 에어플레인 모드

화면의 오른쪽 상단 바를 드래그 하면 나오는 '설정 창' 또는 '설정' 애플리케이션에서 에어플레인 모드를 켜고 끌 수 있어요.

미리미리 체크업

둘째 트위터에서 학교 이름을 검색해 봐요

오늘날 아이들은 인터넷과 현실 세계를 분리할 수 없다는 것을 어느 정도는 이해합니다. 그러나 현실 세계의 정보가 인터넷에서 어디까지 제공되는지는 잘 알지 못하지요.

이것을 알고 싶다면 <u>자신이 다니는 학교 이름 등 일상적인 키워드를 검색해 보세요.</u> 이때 특히 트위터를 추천합니다. 스마트폰의 트위터 화면에서 검색란에 학교 이름을 입력하면, 같은 학교에 다니는 동급생이나 선후배의 계정을 찾을 수 있습니다. 이것을 보면 다른 사람도 나와 관련된 사항을 간단하게 찾을 수 있고, 누군가 정기적으로 나를 감시할 수도 있다는 점을 깨달을 수 있습니다.

트위터에서 학교 이름을 검색해요

읽을
거리

SNS의 친구 추천 시스템

카카오톡과 같은 SNS를 하다 보면 '친구 추천'에 모르는 사람이 표시될 때가 있지요? '친구 추천'에 표시되는 사람은 나는 친구로 추가하지 않았는데, 상대는 나를 친구로 추가한 사람이랍니다.

어째서 친구로 추가되었는지 알고 싶다면 '설정' 화면의 '친구'를 클릭해 보세요. '자동 친구 추가'가 허용되어 있을 것입니다. '설정'의 '친구 추천 허용' 옵션이 켜져 있는지도 확인해 보세요. 이 옵션이 켜져 있으면 내 연락처에서 카카오톡을 사용하는 친구가 자동으로 친구 목록에 추가됩니다. 만약 중간에 전화번호를 바꾼 적이 있다면, 이전에 내 전화번호를 썼던 사람의 지인도 친구 목록에 추가될 수 있습니다. 나는 전혀 모르는 사람이지만요. 반대로 나는 친구 추가를 했는데 상대는 하지 않으면, 상대의 '친구 추천'에 내 이름이 표시됩니다.

이런 사태를 막으려면 '설정'의 '친구'에 있는 '친구 추천 허용'과 '자동 친구 추가' 옵션을 꺼 두세요.

한편, "친구 추천에 떠서 연락했어."라며 스팸 계정에서 메시지를 보낼 수도 있습니다. 이런 연락이 지속적으로 온다면 망설이지 말고 '신고'하길 바랍니다. 신고 방법은 무척 간단합니다. 스팸 메시지가 온 카톡방의 상단 메뉴바에서 '신고' 버튼을 누르면 끝! 이렇게 하면 인터넷 만남 사이트나 사기 등을 권유하는 스팸 계정의 활동을 막을 수 있습니다.

제 2 장

인터넷에 떠도는 거짓 정보, 이렇게 대응해요!

12 인터넷에 떠도는 거짓 정보에 속지 마세요!

"저 연예인, 사실은 ○○인 것 같아." 이런 소문은 믿지 못할 놀라운 내용일수록 **빠르게** 번져 나가지요. 인터넷에서도 이런 소문과 유언비어는 순식간에 퍼져 나갑니다. 블로그에 글을 쓰거나, 네이버 지식인에 질문하거나, 트위터에 글을 올리는 등 소문을 퍼뜨리는 수단은 많습니다. 소문을 퍼뜨리는 사람에게 그 내용이 진짜인지 아닌지 중요하지 않습니다. 단순히 소문이 퍼지는 것을 즐기는 경우가 대부분이니까요.

예를 들면, 2016년 4월에 발생한 일본 구마모토 지진 때 '구마모토의 동물원에서 사자가 도망쳤다'는 헛소문을 트위터에 올린 남자가 체포되었습니다. 해외에서 촬영한, 사자가 밤거리를 걷는 사진을 첨부하고는 거짓 글을 올렸기 때문이지요. 그런데 사람들이 이 내용을 곧이곧대로 믿는 바람에 이 게시물은 1만 7,000번 이상 리트윗되었고 구마모토시 동식물원에는 문의가 쏟아졌습니다. 본인은 낚시 글 또는 기삿거리로 가볍게 생각했을지 모르지만, 이 게시물을 본 구마모토 시민들은 불안감을 느꼈을 것입니다.

이러한 정보를 발견했을 때 그것이 진실인지 아닌지를 확인하기란 매우 어렵습니다. 그럴 때는 <u>뉴스 사이트를 여러 군데 확인해 보거나 TV나 라디오를 확인하는 것이 중요합니다</u>. 그리고 <u>이 같은 글을 발견해도 무의식적으로 공유하지 않는 것이 좋습니다</u>. 자기는 친한 친구에게 가볍게 전달했을지 몰라도, 이것을 시작으로 잘못된 정보가 인터넷을 통해 전 세계로 퍼져 나갈 수도 있기 때문이지요.

무의식적으로 정보를 공유해서는 안 돼요

제 2 장

트위터로 정보를 함부로 공유하면…

친구한테 알려 줘야 해!

USO @800wwww
시내에 있는 동물원에서 사자가 탈출했대!
완전 대박 사건~!

거짓 정보가
전 세계로 퍼질 수도 있어요!

모두에게 폐를 끼쳐 버렸어….

이렇게 되면 되돌릴 수 없지.
히히히!

13 나쁜 영향을 미치는 유해 정보를 막으려면?

스마트폰으로 웹 사이트를 보다 보면 화면 가운데나 아래에 광고 배너나 팝업 창이 뜰 때가 있습니다. 이 창을 실수로 눌렀다가 성인 사이트나 인터넷 만남 사이트로 연결되어 곤란했던 경험이 한 번씩은 있을 것입니다. 그중에는 "유료 사이트에 등록해 주셔서 감사합니다."라는 문구가 뜨면서 '원클릭 사기(일본에서 기승을 부리는 인터넷 사기 수법 중 하나로 우리나라의 보이스 피싱과 비슷해요)' 사이트로 연결되는 경우도 있습니다.

이때 유료 동영상의 시청 요금이 발생했다며 부당하게 요금이 청구되기도 하는데요. 사실 이런 사이트는 무시하면 되지만, "어떻게 된 건지는 잘 모르겠는데 요금이 나와 버렸어. 어떡하지!"라며 당황할 수도 있습니다. 일본의 모바일 전문 조사 기관인 MMD 연구소가 2015년에 발표한 '스마트폰 문제에 관한 조사'에 따르면, 원클릭 사기를 당한 연령대의 1위는 20대, 2위는 10대였습니다. 그리고 피해 금액이 100만 원을 넘는 사례가 전체의 10% 이상이었다고 합니다.

이와 같은 사태를 막기 위해 **유해 사이트를 차단하는 '필터링(자녀 안심 서비스)'**을 사용할 수 있습니다. 필터링은 청소년이 유해 사이트에 접속하지 않도록, 이용하는 단말기와 회선을 통해 웹 사이트 접속을 제한합니다. 통신사가 제공하는 필터링 서비스에 등록하거나, 앱 스토어에서 판매하는 필터링 애플리케이션을 스마트폰에 설치하면 이용할 수 있지요.

필터링으로 나쁜 정보를 어느 정도는 막을 수 있어요

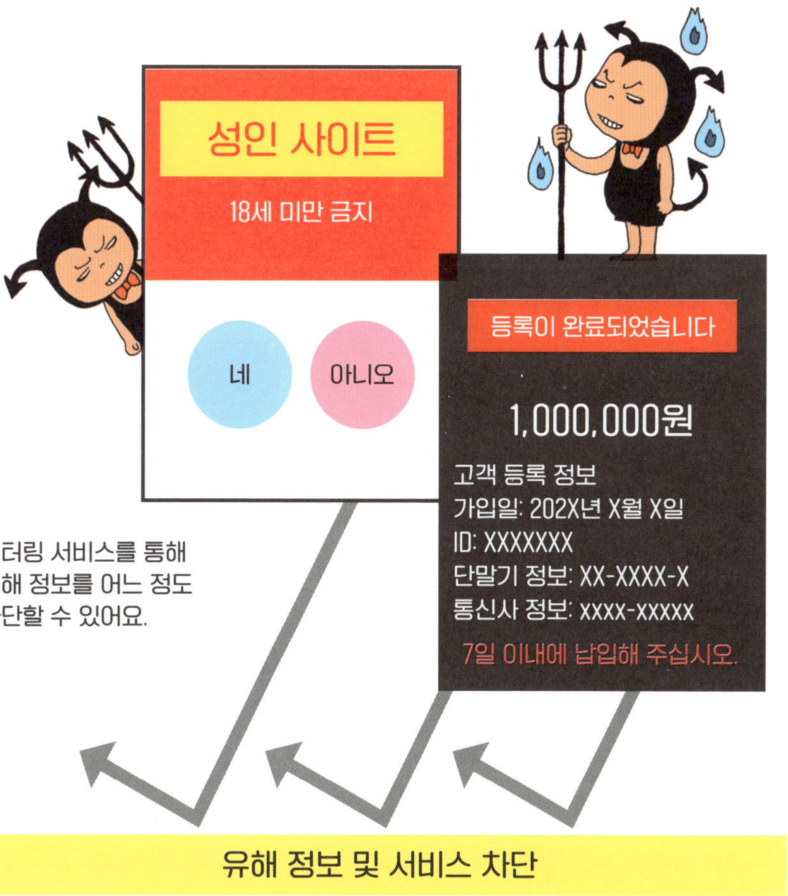

제2장

성인 사이트
18세 미만 금지

네 / 아니오

등록이 완료되었습니다

1,000,000원

고객 등록 정보
가입일: 202X년 X월 X일
ID: XXXXXXX
단말기 정보: XX-XXXX-X
통신사 정보: XXXX-XXXXX

7일 이내에 납입해 주십시오.

필터링 서비스를 통해 유해 정보를 어느 정도 차단할 수 있어요.

유해 정보 및 서비스 차단

필터링 서비스는 유해 정보로부터 아이를 지켜 주지만, 부모가 계속 지켜볼 필요도 있어요!

14 나쁜 동영상은 절대로 따라 하지 마세요!

아이는 스마트폰으로 동영상 보는 것을 매우 좋아합니다. 유튜브에서는 '유튜버'로 불리는 동영상 제공자가 개그 프로를 기획하거나, 재미있는 제품을 소개하기도 합니다. 유튜버는 대부분 일반인이라 연예인보다 가깝게 느껴지고, 게시하는 동영상도 누구나 시도해 볼 수 있는 내용이라서 인기가 많습니다.

2016년에 어떤 아이가 한 유튜버의 행동을 따라서 전자레인지로 노트를 태운 사건이 있었습니다. 이로 인해 가벼운 화재가 일어났는데, 그 이야기를 글로 쓴 아버지의 블로그에 수많은 의견이 쏟아졌습니다. 문제의 동영상은 '전자레인지로 따뜻하게 데워 노트의 글자를 지운다'는 내용으로, 열을 받으면 글자가 없어지는 볼펜을 사용했습니다. 정상적인 어른이라면 노트를 전자레인지에 넣으면 위험하다는 것을 압니다. 그러나 이 동영상을 본 아이는 안전하다고 착각했지요.

유튜브를 비롯해 틱톡 등에 올라오는 동영상은 아동용으로 만들어진 게 아닙니다. 그중에는 성적인 장면과 폭력적인 내용이 나오는 동영상도 있습니다. 그리고 동영상을 제공해 수입을 얻는 사람 중 일부는 관심을 끌기 위해 범죄가 되기 직전의 아슬아슬한 내용을 공개하기도 합니다.

이와 같은 유해한 동영상으로부터 아이를 보호하려면, 필터링에 맡기는 것만으로는 안 됩니다. 우선 아이에게 "최근에 어떤 동영상을 보고 있니?"라고 말을 걸어 보세요. 그러면서 아이가 요즘 보는 동영상의 내용이 적합한지 아닌지를 자연스럽게 확인한다면 좋겠지요.

인터넷의 동영상이 모두 아이에게 적합하다고는 할 수 없어요

제 2 장

유해한 동영상을 필터링 서비스로 완전히 막을 수는 없어요.

아이가 적합하지 않은 동영상을 보는 것은 아닌지 자연스럽게 확인해 보세요!

15 지나친 장난을 다룬 게시물은 절대로 올리면 안 돼요!

'바카타(바보, 멍청이를 뜻하는 일본어 '바카'와 트위터를 조합한 말. 자기 자신을 곤경에 빠뜨릴 수도 있는 장난질이나 나쁜 행동, 범죄 행위를 트위터에 공개하는 젊은이들의 어리석은 행동 혹은 그런 행동을 하는 사람을 뜻해요)'라는 말을 들어 본 적이 있나요? 자기가 아르바이트하는 곳의 냉동고에 들어간다거나, 식당의 간장병 주둥이를 코에 넣는 모습 등을 촬영해 주로 트위터에 올리는 행위를 가리키는 말입니다. 문제가 될 수도 있는 사진을 올리는 사람은 주변 사람들한테 인기를 얻으려고 그런 게시물을 올리곤 합니다. 그러나 트위터에 올린 게시물은 친구가 아니어도 누구나 볼 수 있으므로 조금씩 퍼져, 글을 올린 본인 이름은 물론이고 다니는 학교 이름과 촬영한 장소까지 순식간에 탄로가 나 버립니다.

'지나친 장난을 다룬 게시물'로 가장 어려움을 겪는 것은 피해를 당한 가게입니다. 지나친 장난 때문에 팔 수 없게 된 상품 처리와 점포 청소 등에 비용이 드는 데다가, 가게의 이미지가 나빠져 손님이 끊기는 바람에 문 닫을 위기에 내몰린 가게도 여럿 있습니다. 그러면 해당 가게는 경찰에 신고하고 피해 배상 청구 같은 법적 대응에 나서겠지요.

또, 게시물을 올린 본인의 이름이 트위터에 남기 때문에 향후 진학이나 취업에도 안 좋은 영향을 줄 수 있습니다. '초등학교를 폭파하겠다'와 같은 범행 예고, 악성 댓글 등을 인터넷 게시판에 올렸다가 체포되는 경우도 흔합니다. 게시판은 익명이라 잡히지 않을 거라고 생각하겠지만, 그렇지 않습니다. 가벼운 생각으로 인해 '범죄자'가 될지도 모르니 주의하기 바랍니다.

지나친 장난을 다룬 게시물이 돌이킬 수 없는 사태를 불러와요

제 2 장

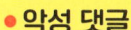

- 악성 댓글
- 퇴학
- 체포
- 손해 배상 청구
- 진학과 취업에 영향

지나친 장난을 다룬 게시물을 올리면 안 된다는 걸 꼭 알아 두세요!

16 위험한 애플리케이션을 주의하세요!

편리해 보이는 애플리케이션을 발견해 스마트폰에 설치하는 것은 매우 일상적인 일입니다. 그러나 <mark>스마트폰의 애플리케이션이 전부 안전하다고 할 수는 없습니다.</mark> 애플리케이션은 기본적으로 공식 앱 스토어에서 다운로드 합니다. 예전에 유명 애플리케이션을 꼭 닮은 이름으로, 스마트폰의 주소록에서 데이터를 훔쳐내는 '가짜 애플리케이션'이 앱 스토어에 공개된 적이 있었습니다. 이름은 '바이러스 퇴치'라는 애플리케이션인데, 실제로는 개인 정보를 훔치는 것도 있었지요.

스마트폰을 주의 깊게 관리하지 않으면, 다른 사람이 내 스마트폰에 몰래 애플리케이션을 설치할 위험이 있습니다. 특히 '스파이 애플리케이션'과 같은 종류가 설치되면, 다른 사람이 내 스마트폰을 원격으로 조종해 통화를 훔쳐 듣거나 내가 촬영한 사진을 멋대로 전송할 위험이 있지요. 이런 애플리케이션은 알기 어려운 형태의 이름으로 몰래 깔리기 때문에 사용자가 알아차리지 못하는 경우가 많습니다.

따라서 애플리케이션을 설치하기 전에는 앱 스토어에 올라온 리뷰를 보고, <mark>수상한 애플리케이션이라는 언급이 없는지 확인</mark>하세요. 가능하면 <mark>공식 앱 스토어가 아닌 사이트에서 애플리케이션을 다운로드 하는 일은 피하는 게 좋습니다.</mark> 또한, 애플리케이션을 설치할 때 <mark>스마트폰 안의 정보에 접근할 수 있게 '허용'을 요구하는 화면이 표시되면, 꼭 제공하지 않아도 될 정보를 얻으려고 하는 것은 아닌지 한 번씩 의심하고 확인하는 게 바람직합니다.</mark>

원격으로 스마트폰을 조종하는 애플리케이션을 주의하세요

■ 반드시 공식 앱 스토어에서 애플리케이션을 설치하세요!

애플리케이션을 설치하기 전에
앱 스토어에 올라온
리뷰를 확인해요.

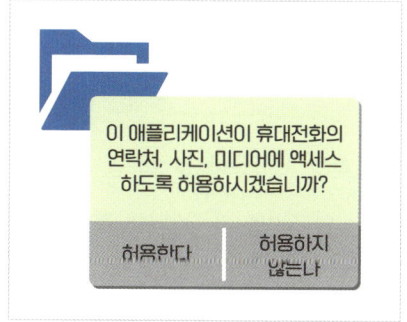

애플리케이션을 설치할 때
액세스 허용을 요구하는 화면이
뜨면 잘 확인해요.

17 유해 정보 필터링 서비스란?

만 18세 미만 청소년이 스마트폰을 사용하는 경우, 이동통신사는 '유해 정보 필터링 서비스'를 제공합니다. 우리나라에서는 2015년부터 청소년들이 유해 정보에 무방비하게 노출되는 것을 막기 위해 스마트폰에 이 애플리케이션을 의무적으로 설치하고 있습니다. <mark>청소년뿐만 아니라 어린이가 쓸 스마트폰이라면 반드시 사용하는 게 좋겠지요.</mark>

이동통신사마다 청소년 유해물 차단 애플리케이션을 운영하며, 서비스에 가입하면 성인물이나 폭력적인 내용, 인터넷 만남 사이트 등 만 18세 이하에게 적합하지 않은 웹 페이지는 표시되지 않습니다. 또, 이용할 수 있는 애플리케이션을 제한하거나 이용할 수 있는 요일과 시간대 등을 스마트폰 사용자의 연령에 맞게 설정할 수도 있습니다. 이동통신사가 제공하는 서비스 이외에 <mark>시중에서 파는 필터링 애플리케이션을 설치</mark>할 수도 있습니다. 안드로이드폰에서는 어떤 필터링 서비스든 세세하게 설정할 수 있습니다. 아이폰에서는 '설정'에 있는 '스크린 타임' 기능으로 자녀의 기기 사용 방식을 관리하거나 '가족 공유' 기능을 사용해서 유해 콘텐츠 차단을 설정할 수도 있습니다.

필터링 서비스를 설정하면 안전한 블로그인데도 열리지 않는 경우가 있습니다. 이때 아이가 "필터링 제한을 풀어주세요."라고 부탁하면 그 블로그를 '화이트 리스트'에 포함하도록 설정을 변경할 수 있습니다. 이렇게 설정하는 것이 번거롭다고 해서 필터링을 통째로 해제하지는 마세요. 한 번 설정한 필터링은 확실하게 관리하는 게 좋습니다.

유해 정보 차단 필터링 서비스에 가입하면?

아이에게 적합하지 않은 웹 사이트는 표시되지 않아요.

사용할 수 있는 애플리케이션과 시간대를 제한해요.

보거나 사용하면 안 되는 것을 막고, 사용 시간을 제한할 수 있어요.

미리미리 체크업

첫째 **인터넷에 떠도는 거짓 정보를 부모와 자녀가 공유해요**

인터넷에 퍼지는 수상한 정보를 발견했다면 아이에게 "최근 인터넷에서 ○○에 대한 거짓 정보가 떠돌고 있는데 알고 있어?", "마트 냉동고에 들어간 사진을 올린 사람이 뉴스에 나왔어."와 같은 식으로 일부러 이야기를 꺼내 보세요. 또한, 나쁜 정보를 발견하면 부모한테 알리도록 아이를 교육해 인터넷의 위험한 정보를 부모와 자녀가 함께 공유하세요.

이렇게 하면 인터넷에 위험한 정보가 넘친다는 사실을 아이에게 구체적으로 알려 줄 수 있습니다. 또, 부모가 자신을 걱정한다는 사실을 아이가 스스로 깨닫게 함으로써 인터넷의 정보를 무조건 받아들이지 않는 습관을 길러 줄 수 있답니다.

거짓 정보를 부모와 자녀가 공유해요

미리미리 체크업

둘째 지나친 장난을 다룬 게시물을 살펴보며, 함께 이야기를 나눠요

지나친 장난을 다룬 게시물을 올리는 바람에 학교에서 퇴학당하거나, 아르바이트하던 가게가 문을 닫아 손해 배상을 청구받은 **사례를 아이와 함께 보며 설명**해 줍니다. 인터넷에서 '악성 댓글 테러', '바카타 챌린지' 같은 키워드로 검색하면 실제 사례를 찾을 수 있습니다.

그러면 자녀는 지나친 장난을 다룬 게시물과 그것을 흉내 내는 것은 어리석고 위험한 행위라는 사실, 지나친 장난에 뒤따르는 대가는 무척 크다는 사실, 결국 어려움에 처하는 것은 자신이라는 사실을 알게 됩니다.

'악플 처벌 사례'나 지나친 장난이 부른 결과를 검색해 봐요

악성 댓글 때문에 모욕죄로 고소를 당할 수도 있구나. 그리고 지나친 장난을 할 경우 위험할 수 있구나!

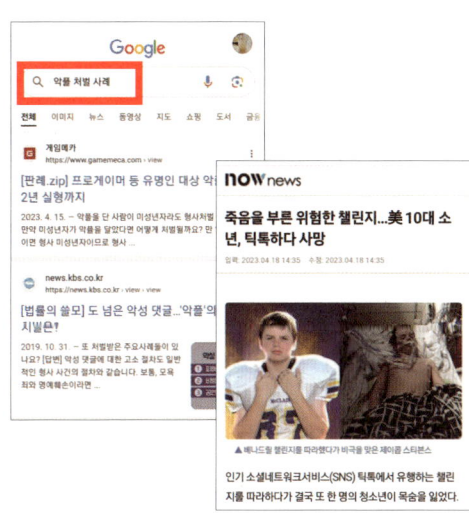

미리미리 체크업

셋째 악의적인 게시물을 보면 삭제를 요청해요

SNS나 블로그에 명백하게 거짓이거나 법률을 위반한 것으로 보이는 '악의적인 게시물'이 있다면, 그 글이 올라온 서비스 운영사에 삭제를 요청할 수 있습니다. 자신과 가족에 대한 비방이나 모욕, 개인 정보 유출 등을 발견한다면 그 <mark>서비스를 운영하는 회사에 긴급히 대책을 요구하세요.</mark> SNS의 경우에는 서비스 도움말에 신고하는 방법이 나와 있으므로 순서에 따라 진행하면 됩니다. 블로그의 경우에는 서비스 운영사에 메일로 연락하거나, 각 서비스 회사에서 제공하는 삭제 요청 양식을 통해 의뢰하면 됩니다.

너무 심한 내용일 때는 경찰에 신고하는 것도 효과적입니다. 그때는 삭제를 의뢰하기 전에 스크린 샷으로 화면을 찍어 두거나, 특정한 페이지를 영구히 저장해 나중에 찾아볼 수 있는 아카이브 사이트 등에 증거를 남겨 두세요.

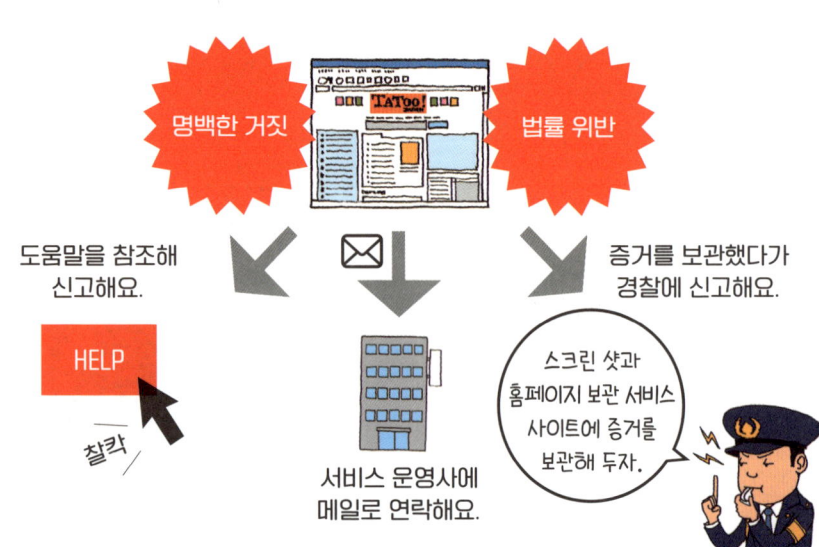

미리미리 체크업

넷째 유료 필터링 소프트웨어를 구입하는 것도 좋아요

아이폰의 스크린 타임과 이동통신사의 필터링 서비스는 누구나 손쉽게 사용할 수 있어 편리합니다. 그러나 더 세세하게 관리하기를 원한다면 유료 **필터링 서비스를 이용**해 보세요.

'패밀리 링크'는 구글에서 부모가 자녀의 스마트폰 또는 인터넷 기기를 편리하게 통제할 수 있도록 만든 휴대폰 관리 애플리케이션이에요. 자신의 스마트폰에 등록된 구글 계정을 통제하는 원리라서, 감시하는 자녀의 구글 계정을 제외하고는 다른 구글 계정을 기기에 추가할 수 없어요. '모바일 펜스'는 게임 시간 제한, 유해 사이트 차단, 위치 추적 기능 등을 제공해요. '엑스키퍼'는 유해한 매체에 접속하면 초록색 화면과 함께 잠그는 기능이 있어요.

유해 매체 필터링 서비스 예시

패밀리 링크

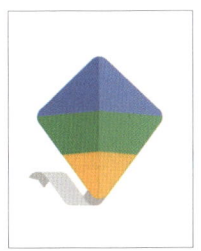

자녀의 구글 계정을 제외하고는 다른 구글 계정을 기기에 추가할 수 없다.

모바일 펜스

애플리케이션과 사이트를 지정해 차단하고, 키워드가 포함된 검색어도 차단한다.

엑스키퍼

유해한 매체에 접속하면 초록색 화면과 함께 잠겨 버린다.

읽을거리

유튜브에서 필터링 설정하는 방법

유튜브는 현재 전 세계 아이들에게 큰 사랑을 받고 있습니다. 하지만 유튜브에 올라온 동영상 중에는 성적인 상황을 떠올리게 하거나 폭력적인 내용을 포함한 것도 있습니다. 그러니 아이에게 보여 주는 것은 교육적인 영상이나 건전하고 즐거운 영상 또는 능숙한 악기 연주 등 아이에게 적합한 동영상으로 한정하세요.

하지만 필터링 애플리케이션을 사용하면 유튜브 애플리케이션 자체가 제한됩니다. 유튜브 애플리케이션을 필터링 대상에서 제외하고 유튜브 계정(구글 계정)을 아이용으로 만드는 방법도 있는데, 규정상 만 13세 미만은 구글 계정을 만들지 못합니다. 즉, 초등학생 자녀는 부모의 구글 계정으로 로그인하거나 비로그인 상태로 영상을 보게 됩니다. 이는 곧 방임하는 것과 마찬가지이니 걱정이 될 수밖에 없지요.

이럴 때 '제한 모드'를 설정해 보세요. 아이가 이용하는 스마트폰과 개인 컴퓨터에 다음과 같이 설정합니다. 개인 컴퓨터의 경우에는 웹 브라우저로 유튜브를 열고 우측 상단의 프로필 계정 이미지를 클릭합니다. 그러면 '제한 모드'라는 항목이 표시되는데 이것을 클릭하고 옵션 활성화를 확인합니다. 아이폰에서는 하단 메뉴 바에서 나 〉 설정 〉 일반에서 '제한 모드'를 선택하고, 안드로이드폰에서는 계정명 〉 설정 〉 일반에서 '제한 모드'를 선택하면 됩니다.

제 3 장

나를 지키는 올바른 SNS & 이메일 사용법

18 SNS에서 알게 된 사람을 실제로 만나면 위험해요!

"유료 스티커를 줄 테니까 나체 사진을 보내라." 일본에서 이런 문구로 초등학교 여자아이를 꾀어서 자신의 나체 사진을 보내게 만든 남자가 체포되는 사건이 있었습니다. 범인은 메신저 애플리케이션인 라인에서 쓸 수 있는 유료 스티커를 주는 남자로 초등학생들에게 알려져 있었습니다. 피해자는 '친구가 연결되어 있으니 나도'라는 가벼운 마음으로 친구 추가를 하고, 메시지를 주고받는 사이에 방심해 요구에 응해 버렸다고 합니다.

이 사례에서 알 수 있듯이, 아이들은 SNS 너머에 나쁜 사람이 있다고 생각하지 않습니다. 그 이유는 평소에 부모님이나 친척, 선생님, 친구의 부모님 등 좋은 어른만 접하기 때문이지요. 그러나 **SNS에서는 성적인 의미나 사기를 목적으로 말을 거는 사람**이 있습니다. 인스타그램이나 트위터의 DM(다이렉트 메시지) 또는 학습 애플리케이션의 SNS 기능을 이용해 '카카오톡이나 기타 SNS의 ID를 교환하자'며 QR 코드를 보내는 경우도 많습니다. 혹시 연결되어 있다고 해도 차단하면 관계를 끊을 수 있습니다. 하지만 친근하게 대화하다 보면 자기도 모르는 사이에 사는 곳과 학교 이름, 실명 등을 말해 버리는 경우도 있겠지요. 예를 들어 "네가 좋아하는 연예인의 굿즈를 주고 싶어."라는 식으로 꾀어낸다면 상대를 만나러 갈 수도 있을 거고요.

SNS에서 알게 된 상대가 나쁜 사람일지도 모른다는 점, **가짜 프로필 사진과 이름을 사용할 가능성이 있다는 점**을 꼭 알아 두세요. 그리고 **상대를 꼭 만나고 싶다면, 부모님과 함께 사람이 많고 북적이는 건전한 장소에서 만나기**를 권합니다.

19 SNS로 '행운의 편지' 같은 체인 메일이 온다면?

"이 편지와 같은 내용을 열 명에게 보내지 않으면 불행해진다." 부모 세대가 어릴 적에 유행했던 '행운의 편지(불특정 다수에게 같은 내용의 이메일을 보내도록 유도하고 차례대로 전송하는 체인 메일)'가 지금은 카카오톡 등 SNS를 통해 유행하고 있습니다. 스마트폰을 사용하기 시작하면, 누군가가 '행운의 편지' 형태로 보낸 체인 메일을 받게 될지도 모릅니다. 게다가 최근에는 "당신이 정말로 좋아하는 사람에게만 보내세요. 그러지 않으면 친구나 애인과 멀어집니다."와 같이 우정과 연애 감정을 내세우는 형태가 유행하고 있습니다. 안 그래도 친구 관계로 고민이 많은 여자아이가 이런 체인 메일을 받으면, 더욱 당황해 다른 친구에게 SNS로 전송해 버리기 쉽지요.

체인 메일의 형태는 다양합니다. "이것을 열 명에게 보내면 좋아하는 사람에게 고백받을 수 있어요." 또는 "TV 프로그램을 기획하는데 몇 명에게 보내는지 실험하고 있습니다."처럼 즐거운 내용의 체인 메일도 있지요. 그러나 원클릭 사기 등 유해한 링크를 포함하는 것도 있기 때문에 조심해야 합니다. 자기는 체인 메일의 내용을 믿고 친구에게 보냈는데, 친구는 그 속임수를 아니까 귀찮아하는 등 또 다른 문제로 발전할 가능성도 있습니다.

체인 메일의 내용과 남에게 보내지 않아도 불행해지지 않는다는 사실을 잘 알아 두세요. 그리고 만약 친구에게 체인 메일을 받았을 때는 **학교에서 만나거나 전화해서 "그 메일은 누군가의 장난일지도 몰라. 조심하는 게 좋아."라고 직접 이야기하는 것**이 효과적이랍니다.

행운의 편지와 같은 체인 메일에 주의하되, 내용은 무시하세요

제3장

TV 프로그램의 실험 때문에 메일을 보냅니다.

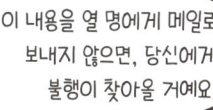
이 내용을 열 명에게 메일로 보내지 않으면, 당신에게 불행이 찾아올 거예요.

체인 메일 보내기 세계 기록에 도전하고 있습니다.

메일을 보내지 않으면 좋아하는 사람에게 차일 걸요.

이거, 무조건 거짓말이야!

하지만 그렇게 말했다가 상처받으면 어떡하지?

이 메일은 보내지 않아도 괜찮아.

누군가의 장난일지도 몰라.

상대를 자극하지 않도록 부드럽게 대응해요.

메일과 SNS가 아니라, 직접 말하는 것이 효과적일 수도 있어요.

071

20 사이버 따돌림으로부터 나를 지키려면?

카카오톡에는 많은 사람이 모여 대화하는 '그룹 채팅'이라는 기능이 있습니다. 몇 명의 사이 좋은 친구 그룹 외에도, 같은 반 학생 대부분이 들어가 있는 '반 단체 카톡'을 비롯해 같은 학년이 모이는 '학년 카톡' 등 수십 명이 모이는 그룹 채팅도 드물지 않습니다. 단체 카톡방에는 리더 역할을 하는 '관리자'가 없습니다. 그룹을 만든 사람이 아니어도 멤버라면 누구든 새로운 멤버를 그룹에 초대할 수 있지요. 오픈 채팅의 경우에는 단체 카톡방을 만든 사람이 특정한 사람을 강제로 퇴장시킬 수도 있습니다.

그룹 채팅에서는 재빠르게 말하는 사람과 자주 말하는 사람이 흐름을 만드는 경향이 있습니다. 내가 어떤 메시지를 보냈는데 그전에 다른 사람이 먼저 메시지를 보내 대화 주제가 바뀌었다면, 결과적으로 나는 분위기를 따라가지 못한 셈이 되지요. 또는 단체 카톡방을 잠시 벗어난 사이에 대화를 따라잡지 못할 수도 있는데, 이때 메시지를 '읽고도 무시했다'며 여러 가지 오해를 살 수도 있습니다. 특정한 사람을 빼고 험담하는 '비밀 단체 카톡방'을 만들기도 하고, 특정한 사람만 단체 카톡방에 남겨 두고 다 같이 나가 버리는 식으로 괴롭히기도 합니다.

카카오톡에서 생기는 문제는 실제 생활에도 영향을 미치기 쉽습니다. 만약 ==카카오톡에서 잘 풀리지 않는 일이 있다면 친구끼리 얼굴을 마주하고 이야기해 보세요.== 의외로 간단히 해결된답니다. ==필요하다면 선생님께 도움을 요청하고, 온라인 채팅방과 실생활 양쪽에서 대응==하는 게 좋습니다.

단체 카톡방 내 따돌림을 주의해요

비밀 카톡방

유나는 카톡을 읽고 자주 무시해서 화가 나.

전화 통화도 너무 길게 해.

채팅할 때 대답도 묘하게 늦지 않아?

자기를 '자기 이름'으로 부르는 것도 웃겨!

사소한 오해인데….

카카오톡 대화에서는 작은 오해가 원인이 되어 문제가 발생하기 쉽지. 히히히….

혼자서 고민하지 말고 상담해!

■ **카카오톡에서 친구와 문제가 생겼다면…**

· 부모님과 상담해요.
· 학교 선생님과 상담해요.
· 그 친구와 만나서 직접 이야기해요.

21. 트위터에 글을 올릴 때는 한 번 더 생각하고 올리기!

아이가 트위터를 사용하는 방법은 어른과는 조금 다릅니다. 어른은 정보를 얻기 위해 트위터를 사용하는 경우도 많지만, **아이는 트위터를 친구와 편리하게 연결하는 도구로 인식합니다.** 카카오톡처럼 누군가에게 직접 말하는 것이 아니라서 자기 생각이나 지금 하고 있는 것을 쉽게 업로드 하지요.

중고생은 트위터 계정을 여러 개 만들어 본계정(친구들과 실제로 이어지는 공개 계정)과 부계정(속마음을 말할 수 있는 특정한 상대와 이어지는 숨은 계정)으로 나누어 사용하기도 합니다. 부계정에는 일상생활에서 속상했던 것과 누군가에 대한 험담을 마음껏 쓸 수 있답니다. 그러나 누군가를 험담한 내용이 스크린 샷으로 찍혀서 퍼진다거나, 부계정의 트위터 화면을 다른 사람이 직접 본다면 문제가 되지요. '서브 트윗(메시지에 이름을 태그하지 않고 다른 사용자를 참조하는 트윗)'으로 불리는, '누군가를 암시하지만 명확히 단정하지는 않는' 험담은 공개 계정에서도 당당하게 쓰입니다.

트위터에서는 짧은 문장으로만 글을 써야 하기에, 본인은 그럴 생각이 아니었지만 단어가 부족해 오해를 부르기도 합니다. **트위터에서는 한 번 올린 글을 편집할 수 없으니, 게시물을 올리기 전에 반드시 다시 한번 확인하세요.** 리플라이(다른 사람의 게시물에 대한 코멘트)도 이야기를 나누는 두 명 이외에 다른 사람들도 읽을 수 있으니 주의가 필요합니다. 최근에는 영상도 많이 올라오는데, 무모한 챌린지 같은 영상을 올렸다간 순식간에 퍼져 버리겠지요. **가볍게 생각해서 올리는 글도 전 세계에서 많은 사람이 볼 수 있다는 사실을 잊지 마세요.**

22. 'SNS 피로 증후군'이란 무엇일까요?

카카오톡, 인스타그램, 트위터 같은 SNS는 친구와 언제든 교류할 수 있게 해 주는 매우 즐거운 도구입니다. 그런데 최근 'SNS 피로 증후군'이라는 단어가 주위에서 자주 들립니다.

SNS 피로 증후군에는 몇 가지 패턴이 있습니다. 친구가 보낸 메시지나 게시물에 바로 응답해야 한다는 부담감에 쫓기는 것이 그 첫 번째입니다. 또, 다른 사람의 게시물을 보고 우울하다고 느끼는 사람도 있습니다. 놀이공원에서 즐겁게 노는 친구의 게시물에 만약 내 단짝 친구가 함께 찍힌 사진이 있다면 기분이 어떨까요? 나만 따돌림당한 것 같아서 기분이 나쁘겠지요. 게다가 자기 게시물에 대한 다른 사람의 반응도 고민의 원인이 됩니다. 댓글이 없거나 '좋아요' 개수가 적은 것 등에 너무 신경 쓴 나머지, 댓글이 달릴 만한 장소로 일부러 나가서 사진을 찍어 올리는 사람들도 있지요. 만약 이 정도라면 SNS 피로 증후군을 넘어 'SNS 의존증'에 다다랐을 수도 있으니 주의해야 합니다.

만약 본인이 ==SNS 피로 증후군인 것 같다면, 어디까지나 자기 속도를 지키는 것이 중요하다는 것==을 잊지 마세요. 친구가 "너 왜 댓글을 늦게 달아?"라고 묻는다면 "부모님한테 스마트폰을 맡겼어."라는 등의 핑계를 대면 됩니다. 언제 게시물을 올릴지 타이밍을 고민한다면, ==보통은 행복한 순간에 올리니까 나도 그렇게 해도 괜찮다==는 사실을 깨닫도록 하세요. 무엇보다 자신이 올린 게시물의 반응에 지나치게 신경이 쓰인다면 ==차라리 게시물 올리는 것을 그만두는 게 낫습니다==.

SNS는 무리하지 말고 자신의 속도로 이용하는 것이 중요해요

제 3 장

 민하짱
@basketball

지금 가족끼리 ○○공원에 왔어.

 민하짱
@basketball

전망대에서 보는 풍경이 최고야.

 민하짱
@basketball

아까 올린 글 봤어?

트위터에 너무 자주 답글을 달기는 좀….

미안! 공부 중에는 스마트폰을 사용하지 않기로 규칙을 정했거든.

친구가 답글 쓰기를 강요한다면, 부모님과 한 약속을 핑계로 삼는 게 효과적이에요!

인터넷에서 나에 대한 험담을 발견했다면?

기분 나쁜 일이 있을 때면 어딘가에 이야기하고 싶어집니다. 상대가 누구인지 분명히 밝히지 않고 인터넷에 험담을 쓰기만 해도 속이 조금은 시원해지지요. 그러나 험담의 대상인 상대가 이 사실을 알게 되면 불쾌하게 여기는 것은 물론이고, 실제 생활에서 문제가 생길 수도 있습니다.

카카오톡에는 프로필 하단에 간단한 글을 쓸 수 있는 '상태 메시지'라는 공간이 있습니다. 원래는 '지금은 여행 중'처럼 가볍게 근황을 알리는 기능인데, 여기에 험담을 쓰는 사람들도 있지요. 상태 메시지는 60자까지 쓸 수 있어서 길게 쓰면 '더보기' 화살표를 눌러야 읽을 수 있습니다. 즉, 남의 눈에 잘 띄지 않는 곳에 몰래 험담을 쓰는 식입니다. 아는 사람이 읽으면 누구와 관련된 내용인지 알 수 있도록 상대의 정보를 암시해서 쓰는 것이 특징입니다. 예를 들면, 동아리 활동에서 문제가 발생해 어떤 아이가 상태 메시지에 푸념을 썼습니다. 그것을 읽은 친구가 마찬가지로 상태 메시지로 반론했습니다. 그리고 그것을 읽은 다른 아이 역시 상태 메시지에 험담하며 카카오톡에서 심한 싸움으로 번진 사례도 있습니다. 이 사례에서는 다음 날 선생님의 도움을 빌려 서로 이야기해 오해를 풀었다고 합니다.

문자로 다투면 서로 오해하기 쉬워서 지나치게 공격적으로 되기 쉽습니다. '혹시 내 얘기인가?' 싶은 험담을 발견해도 ==곧장 문자로 반응하지 말고, 가능하면 학교나 학원에서 얼굴을 마주하고 해결하세요.== 그때 ==다툼과 관계없는 다른 친구가 함께 있어 준다면== 마음이 든든하겠지요.

인터넷에서 내 험담을 발견해도 반박하면 안 돼요

재희아트
ArtLover

난 오래 통화하는 사람이 싫어.
공부에 집중할 수 없거든.
누구라고는 말하진 않겠지만….

민하짱
Basketball

친구가 보낸 카톡에는
바로바로 답하자!
읽고 무시하는 사람은 정말 싫다.

짐작 가는 곳이 있음

혹시 나를 비난하는 걸까?

하지만 상태 메시지로 반박하면 좀 그렇잖아?

학교에서 직접 얼굴을 보며 이야기해 보자.

상대와 얼굴을 마주하고 해결하는 것이 최고예요.

24. 악플이 여러 개 달리면 어떻게 해야 할까요?

'악성 댓글 테러'라는 단어를 들은 적이 있나요? 어떤 사건이 인터넷에서 화제가 되어 트위터 리트윗이 끊이지 않거나, 그 사건과 관련된 내용을 정리한 블로그가 계속 등장하는 상황을 말합니다. 악성 댓글이 무더기로 쏟아지면 실생활에도 영향을 받을 수밖에 없습니다. 본인의 이름과 사는 곳, 친구와 가족의 신상을 털어서 학교까지 전화하는 사람도 있기 때문이지요. 처음에는 정의감에 불타올라 악성 댓글을 단 사람을 시작으로, 차츰 단순히 시간을 떼우려고 동참하는 사람들도 생겨납니다. 이렇게 무수히 많은 악성 댓글에 휘말린 한 여고생이 있었습니다. 그 여고생이 친구와 집에서 노는 사진을 SNS의 타임라인에 올렸는데, 누군가가 스크린 샷으로 찍어 '술을 마시고 있다'고 트위터에 올려 버렸다고 합니다. 실제로는 주스를 마시고 있었는데 미성년자가 술을 마셨다는 오해가 순식간에 퍼졌고, 자신이 다니는 학교까지 드러나고 말았습니다. 그 여고생은 부모님과 학교의 도움으로 경찰에 신고해 트위터에 문제가 된 게시물을 삭제했다고 합니다. 그러나 인터넷에 이미 퍼진 정보가 전부 삭제됐는지는 누구도 알 수 없습니다. 만약 악성 댓글에 휘말렸을 때 일일이 반응했다면 악성 댓글이 더 심하게 달렸을지도 모릅니다. <u>이럴 때는 반론하고 싶더라도 참고 거짓말로 자신을 비방하는 상대에 대한 증거를 남겨 두세요.</u> 그러려면 스마트폰으로 스크린 샷을 찍고 해당 웹 페이지를 영구히 저장하는 사이트(archive.md 같은 아카이브 사이트)에 저장해 둬야 합니다. <u>그리고 증거를 다 정리한 시점에 경찰에 신고</u>하세요. <u>학교에도 사정을 말해 두면</u> 좋겠지요.

악성 댓글이 쏟아져도 반론은 꼭 참고 증거를 남겨요

■ 만약 악성 댓글 문제에 휘말렸다면…

 **나쁜사람**
@Hell

집을 찾아내 스토킹해야지!
절대로 놓치지 않을 거야!

악성 댓글이 달린
화면을 캡처해
저장해요.

아카이브 사이트에
웹 페이지를
영구히 저장해요.

학교에 사정을
설명해요.

25 개인 정보는 어디까지 보여 주어야 할까요?

아이들은 인터넷에 자신의 개인 정보를 드러내는 것을 두려워하지 않는 편입니다. 심지어 자신의 프로필에 학교 이름을 쓰는 학생들도 종종 있습니다. 그중에는 소속 동아리와 출신 학교를 쓰는 학생도 있고, 프로필 사진에 친구와 찍은 셀카 등 얼굴이 나온 사진을 올리는 학생도 있습니다. 본인이 학교 이름을 밝히지 않아도 팔로잉 대상이나 팔로워의 프로필을 살펴보면 어느 학교에 다니는지 알 수 있지요.

아이들이 이처럼 인터넷에 개인 정보를 쉽게 드러내는 것은 SNS에서 아는 사람과 연결되고 싶어 하기 때문입니다. 이들은 **모르는 사람이 나의 개인 정보를 엿볼 위험**은 거의 생각하지 않습니다. 그러나 실제로는 모르는 사람도 내 개인 정보를 보고 있지요.

개인 정보가 노출되더라도 누군가 DM(다이렉트 메시지)을 보내오는 정도라면 무시해도 됩니다. 하지만 학교 이름을 알고서 통학하는 길이나 자주 가는 장소에 숨어 기다릴 가능성도 있으니 주의해야 합니다. 생년월일과 실명을 밝히면 이것으로 SNS의 비밀번호를 추측해 계정을 해킹한 다음, 온라인 사이트에서 내 이름을 빌려 멋대로 물건을 사 버릴지도 모릅니다.

요즘 아이들은 태어났을 때부터 인터넷이 존재한 탓인지 '개인 정보를 알려줘도 아무 일도 일어나지 않는다'고 생각합니다. 그러니 **개인 정보의 유출에는 위험이 따른다**는 사실, 적어도 **트위터는 비공개 계정으로 해서 자신을 지켜야 한다는 사실** 등을 잘 알아 둘 필요가 있습니다.

개인 정보는 가능하면 드러내지 않아요

트위터 프로필에 개인 정보를 드러내면 다양한 위험이 뒤따라요.

Yuna
@BrassBand

2010년 5월 7일에 태어남.
같은 반의 민하, 재희와 사이가 좋습니다.
아이돌 K의 팬입니다.

재희아트
@ArtLover

서울에 사는 중학교 1학년생입니다.
미술 동아리에서 활동하고, 장래에 예술가가 되는 것이 꿈입니다.

민하짱
@basketball

길벗 중학교에 다닙니다.
학교 근처의 고양이 캐릭터가 그려진 케이크 가게를 좋아합니다.

- 학교가 구체적으로 드러나요.
- 비밀번호가 누설돼요.
- SNS 계정이 해킹돼요.
- 누군가 인터넷 쇼핑 사이트를 내 이름으로 이용해요.
- 어딘가에 몰래 숨어서 기다릴지도 몰라요.

유나는 서울에 있는 길벗 중학교 1학년이군….

26 악의적인 메일은 무시해요!

예를 들어 "상금 100만 원에 당첨되었습니다! 아래 버튼을 눌러 신청하세요!"와 같은 내용의 메일을 받은 적이 있나요? 이런 메일은 '광고성 메일' 또는 '스팸 메일'로 불리며, 어딘가에서 유출되거나 무작위로 추출한 메일 주소로 보내집니다. 그중에는 성인 사이트나 인터넷 만남 사이트에 가입하라고 권유하는 것도 있어서 유의해야 합니다.

더 곤란한 것은 거짓 청구와 사기를 노린 메일입니다. 최근에는 "당신은 성인 사이트의 유료 회원으로 등록되었습니다. 그러니 미납금 10만 원을 지불하십시오."라는 내용의 메일이 와서 거기에 쓰인 전화번호로 연락하면, 편의점에서 선불 카드를 구입하고 그 번호를 알려 달라고 지시하는 경우가 늘고 있습니다. 선불 카드에 쓰인 번호만으로도 물건을 살 수 있기 때문입니다.

이런 메일을 받았어도, 메일을 보낸 사람은 아직 누가 받았는지 모르기 때문에 **내가 진짜로 그런 기억이 없다면 그냥 무시해도 됩니다.** 그렇더라도 이런 메일을 받으면 '혹시라도 어떤 사건에 휘말리는 것은 아닐까?' 하고 걱정되는 게 당연합니다. 하지만 이때 요구에 응해 돈을 지불하면 범죄자에게 내 개인 정보가 전달되고 맙니다.

메일을 무시하는 것만으로는 불안하다면 개인정보침해센터(privacy.kisa.or.kr 또는 국번 없이 118)나 한국인터넷진흥원(KISA)이 운영하는 보호 나라(www.boho.or.kr) 사이트에 문의해 보세요. 또, **모르는 사람에게서 메일이 왔다면 쉽게 답장하지 말고 우선 부모님에게 상담하세요.**

악의를 담은 메일은 무시해도 OK

제3장

■ 기억에 없는 청구 메일이 온다면...

이용자 귀하

유료 성인 사이트를 이용해 주셔서 감사합니다.

지금까지 요금 10만 원이 결제되지 않았으니

O월 X일까지 결제를 완료해 주십시오.

바가지를 씌워야지. 히히히!

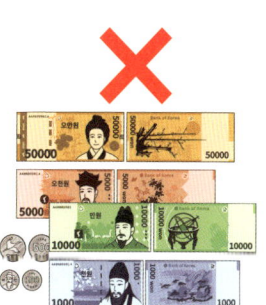

지불에 응하지 않아요.

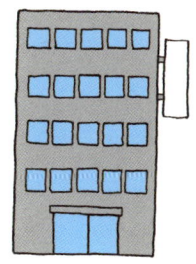

개인정보침해센터

거짓 청구 관련 상담 창구를 이용해요.

부모님과 상의해요.

27 잠깐! **사기**에 주의해요!

스팸 메일 중에는 아는 사람이나 유명한 사람 등이라고 거짓말하며 보내는 '사기 메일'이 있습니다. 예를 들어, 친구 행세를 하며 "메일 주소가 바뀌었으니 연락해 줘."라고 하거나 인플루언서 또는 연예인인 척하며 "착각해서 메일을 잘못 보냈는데 이 기회에 사이좋게 지내요."라고 하는 등 사기 수법은 다양합니다. '사기'는 SNS에도 있습니다. 예능인 행세를 하는 트위터 계정으로 연락하기도 하고, 친구의 프로필 사진과 이름으로 친구인 척하며 페이스북 계정으로 연락해 오기도 합니다.

사기의 목적은 대부분 메일 주소나 연락처 같은 개인 정보를 훔치는 것입니다. 더 나아가 카카오톡에서는 계정을 해킹당할 위험도 있지요. 어느 날, 친구 행세를 하는 카카오톡이나 SNS 계정으로부터 "핸드폰 번호를 알려 줘."라며 연락이 옵니다. 이어서 내 핸드폰으로 인증 번호가 도착합니다. 그 번호를 친구 행세를 하는 사람에게 알려 주면, 그 사람이 내 휴대전화 번호로 새로운 카카오톡 계정을 만들어 정작 나는 카카오톡 계정을 사용하지 못하게 되지요. 그리고 내 전화번호를 아는 사람에게 연락해 선불 카드를 사서 번호를 알려 달라고 한 뒤, 이 번호로 구입한 상품을 되팔아 현금을 손에 넣는 수법을 씁니다. 이때 상대방은 실제로 아는 사람의 계정으로 연락이 오니까 무심코 믿게 되므로 피해가 눈덩이처럼 커집니다. 그러니 **인증 번호를 다른 사람에게 알려 주면 계정을 해킹당한다**는 사실, 그로 인해 큰 피해가 생긴다는 사실을 잘 알아 두세요.

SNS 계정을 해킹당하는 일도 있어요

■ SNS 계정을 해킹하는 과정

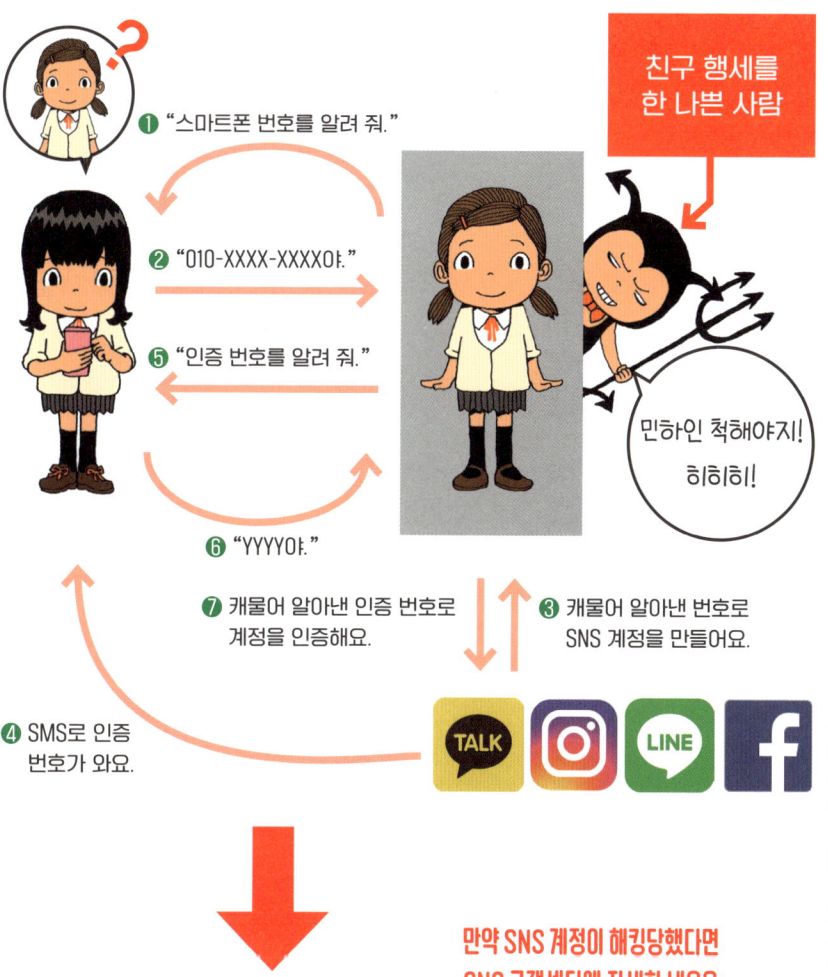

❶ "스마트폰 번호를 알려 줘."
❷ "010-XXXX-XXXX야."
❺ "인증 번호를 알려 줘."
❻ "YYYY야."
❹ SMS로 인증 번호가 와요.
❼ 캐물어 알아낸 인증 번호로 계정을 인증해요.
❸ 캐물어 알아낸 번호로 SNS 계정을 만들어요.
❽ SNS 계정을 사용하지 못하게 돼요.

친구 행세를 한 나쁜 사람

민하인 척해야지! 히히히!

만약 SNS 계정이 해킹당했다면 SNS 고객센터에 자세한 내용을 적어 보내세요.

28 사진에도 개인 정보가 포함되어 있다고요?

트위터에 교복을 입은 사진과 함께 '오늘은 축제!'라고 트윗을 올리는 것은 고등학생이라면 일상적인 일입니다. 하지만 이 경우, 그날 축제를 개최하는 고등학교를 검색해 해당하는 학교의 교복을 전부 확인하면 어느 고등학교인지 대략 알 수 있습니다. 게다가 '자주 가는 식당'이나 '아르바이트하는 카페' 등의 사진을 업로드 했다면, 사진 검색이나 구글 지도의 거리 뷰를 이용해 해당 가게를 찾는 것도 어렵지 않지요. 만약 트위터에는 사진을 올리지 않더라도, 같은 이름으로 인스타그램 계정을 만들었다면 인스타그램에 올린 사진을 보고 알아낼 수도 있습니다.

사진에는 문장보다 많은 정보가 들어 있습니다. 따라서 <u>사진을 업로드 하기 전에 남에게 알리고 싶지 않은 개인 정보가 누설될 위험은 없는지 확실하게 확인할</u> 필요가 있습니다. 사진에는 <u>촬영 날짜와 위치 정보를 기록하는 메타데이터 포맷</u>(Exif, 교환 이미지 파일 형식)이 있어서, 이로 인해 개인 정보가 샐 수 있습니다. 따라서 메일로 사진을 보낼 때는 주의할 필요가 있습니다. SNS에 사진을 올릴 때는 Exif가 자동으로 잘리기 때문에 보통은 걱정하지 않아도 됩니다.

또, SNS에서는 <u>친구가 촬영한 사진에 '태깅'되는 바람에 개인 정보가 퍼지는</u> 경우도 있습니다. 게시물을 올린 친구에게 악의가 없더라도 내 얼굴과 이름, 내가 지금 있는 장소 등 인터넷에 드러내고 싶지 않은 정보라면 삭제해 달라고 요구하세요. 반대로 본인도 다른 사람이 찍힌 사진을 SNS에 멋대로 올리지 말고, 올리기 전에 반드시 상대에게 확인해야 합니다.

사진을 업로드 할 때는 글보다 더 신중하게!

사진에는 다양한 정보가 들어 있어요

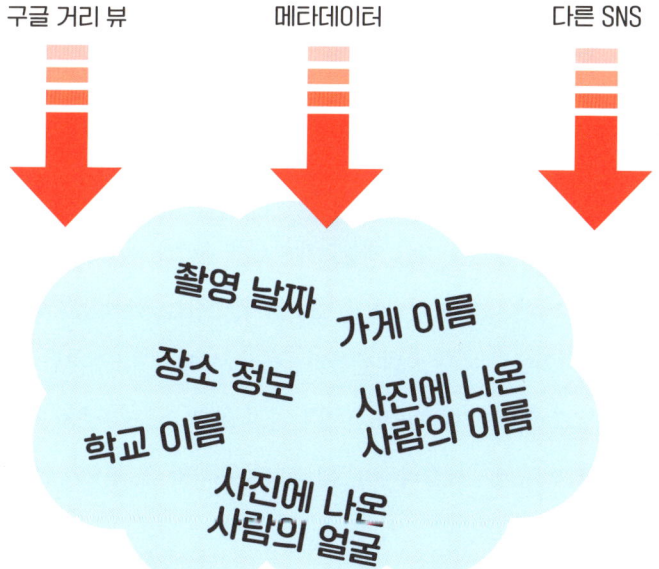

SNS에 올린 사진에서 다양한 정보가 누설될 가능성이 있어요.

29 우리가 몰랐던 또 다른 SNS들

혹시 'SNS는 모르는 사람과 연결되니까 우리 애는 아예 못 쓰게 해 놨어.' 이렇게 생각하는 부모님이 있나요? 그런데 트위터와 인스타그램 같은 유명한 SNS 외에도 <mark>SNS 카테고리에 들어가지 않으면서 SNS 기능을 지닌 애플리케이션이 있습니다.</mark>

예를 들면, 독특한 스티커를 셀카 사진에 붙일 수 있는 '스노우(SNOW)'라는 애플리케이션에서는 스노우 ID를 이용해 서로 교류할 수 있습니다. 영상 통화와 라이브 방송 기능도 있어서 사용자끼리 교류할 수도 있지요. 또 사진, 동영상 편집 애플리케이션으로 인기가 높은 '픽스아트(Pics Art)'도 사진 업로드를 통해 교류할 수 있는 등 아이들에게 인기 높은 애플리케이션 중 몇 가지에는 SNS 기능이 있습니다.

셀카 애플리케이션은 자신의 얼굴을 드러내며 교류하는 앱이고 동영상도 마찬가지입니다. 아이가 이런 애플리케이션을 사용한다면 편집 기능만을 이용하게 하고, 공개 대상은 카카오톡 친구로 한정하는 등 사용법을 정해 두세요. 또, SNS 이외에도 문자 입력 애플리케이션 '시메지(Simeji)'처럼 재미있는 사진을 다운로드 할 수 있는 등 미처 생각하지 못한 기능을 갖춘 애플리케이션도 있습니다. 아이에게 <mark>애플리케이션의 설치를 허락할 때, 부모가 먼저 사용해 보면</mark> 안심할 수 있겠지요.

SNS 기능이 있는 애플리케이션에 주의!

SNS 기능이 있는 사진/동영상 편집 애플리케이션

"새로운 사진 편집 애플리케이션을 설치했어!"

사진 편집뿐만 아니라 사진을 업로드 한 사람들과 연결하는 기능이 있어요.

SNS 기능이 있는 애플리케이션을 이용할 때는 사용 방법을 점검하고, 사용 규칙을 미리 약속해 두어요.

미리미리 체크업

첫째 **온 가족이 함께 SNS를 활용해요**

아이가 카카오톡이나 다른 SNS를 시작한다면, 이 기회에 가족만의 단체 채팅방을 만들어 보는 건 어떨까요? "오늘 저녁밥은 집에서 먹어?"와 같은 연락, 휴일에 외출할 곳 정하기, TV나 연예인에 대한 잡담 등 사소한 내용이라도 평범하게 계속 연락을 주고받는 것이 중요합니다. 때때로 "회사 일 때문에 너무 피곤해."라며 부모가 약한 모습을 보이면 아이도 속마음을 말하기 쉬워지지요. 가족끼리 SNS를 활용하면 평소에 어떻게 SNS를 사용하는지 엿볼 수 있습니다. 이용 방법에 문제가 있다고 느낀다면 서로 이야기를 나눠 보세요. 학교와 친구 사이에 문제가 있을 때 쉽게 이야기할 수 있도록, 얼굴을 마주하고 말하기는 어렵지만 SNS라면 말할 수 있는 분위기를 만드는 게 바람직합니다.

가족만의 단체 채팅방을 만들어 활용해요

· 원하는 저녁 메뉴   · TV나 연예인에 대한 잡담   · 외출할 곳 정하기
· 평소에 말하지 못한 속마음   · 기타, 가족이 좋아하는 화제

SNS를 계기로 가족끼리 교류가 활발해지면 좋아!

· SNS 이용 습관을 개선하는 계기가 돼요.
· SNS 채팅으로 부담 없이 상담할 수 있는 분위기를 만들어요.

미리미리 체크업

 SNS에서 일어나는 범죄를 이해해요

SNS에서 알게 된 사람을 실제로 만나는 아이들이 끊이지 않고 있습니다. 아이는 상대가 또래거나 취미가 같으면 만나도 괜찮다고 판단해 버립니다. 상대가 어떤 사람인지 전혀 모르고, 악의가 있을지도 모르는데 말입니다.

모르는 사람을 만나는 계기는 인기 있는 콘서트 티켓을 개인 간에 사고팔거나, 당첨된 캐릭터 굿즈를 교환할 때 등입니다. 인터넷에서 알게 된 사람을 가벼운 마음으로 만나지 않도록 주의하세요. 인터넷에서 '티켓 사기'나 '콘서트 사기' 등으로 검색해 <u>피해를 당한 사람의 계정을 직접 눈으로 확인하는 것도</u> 한 가지 방법입니다. 범인을 꼭 잡는다는 보장도 없고, 뺏긴 돈을 되찾을 수 없다는 사실도 알아 둔다면 좋겠지요.

트위터에서 사기당한 사람의 계정을 검색해 봐요

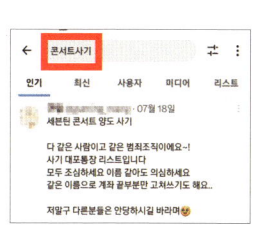
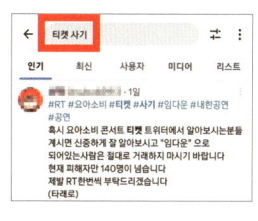

나쁜 사람도 SNS를 이용한다는 사실을 잊어서는 안 되겠어요!

SNS에는 콘서트 티켓과 얽힌 사기가 많구나.

미리미리 체크업

셋째 평소 쓰는 말투를 주의해요

SNS의 문제는 언어에서 생기는 경우가 대부분입니다. 아이들은 초등학교 고학년 무렵부터 나쁜 말과 젊은 세대에 유행하는 말투를 써서 강하게 보이려 하는 경향이 있지요. 평소 말투가 나쁘면 당연히 SNS에서도 그런 말투를 씁니다. 본인이 사이버 따돌림의 가해자가 되지 않도록, <u>일상에서 쓰는 말투가 나쁠 때는 스스로 주의</u>하세요.

이와 동시에 SNS의 사용법에 대해서도 주의합니다. '카카오톡에서는 다들 이 정도 욕은 쓰지 않나?'라고 생각할 수도 있지만, 그래도 자신의 말투 때문에 상처를 입거나 반감을 가지는 사람이 있다는 점을 분명히 이해하는 것이 좋습니다.

SNS에서 나쁜 말을 사용하지 않고, 평소에 거친 말투를 쓰지 않도록 주의하세요.

미리미리 체크업

넷째 사이버 따돌림을 당한다면 학교에 상담을 요청해요

사이버 따돌림은 실제 생활에도 영향을 많이 미칩니다. 학교생활과 동아리 활동이 원인이 되어 SNS에서도 따돌림이 시작된 건지, SNS의 태도가 문제가 되어 학교에서도 무시당하게 된 건지, 어느 쪽이 먼저인지는 알 수 없지만 동시에 해결해야 합니다. <mark>아이의 상태가 어딘가 이상하다고 느낀다면 우선 학교에 상담을 요청</mark>하세요. 하지만 선생님에게 상담하는 것을 아이가 꺼릴 수도 있으니, 타이밍을 보면서 처음에는 평소 상태를 살피는 정도로 시작하세요. 이때 따돌리는 상황을 확인했다고 해서 충분한 고민 없이 상대 학생 부모에게 연락하거나, 경찰이나 지자체의 창구 등 학교보다 상위 조직에 상담하거나 신고할 경우 역효과가 날 수도 있으니 주의해야 합니다.

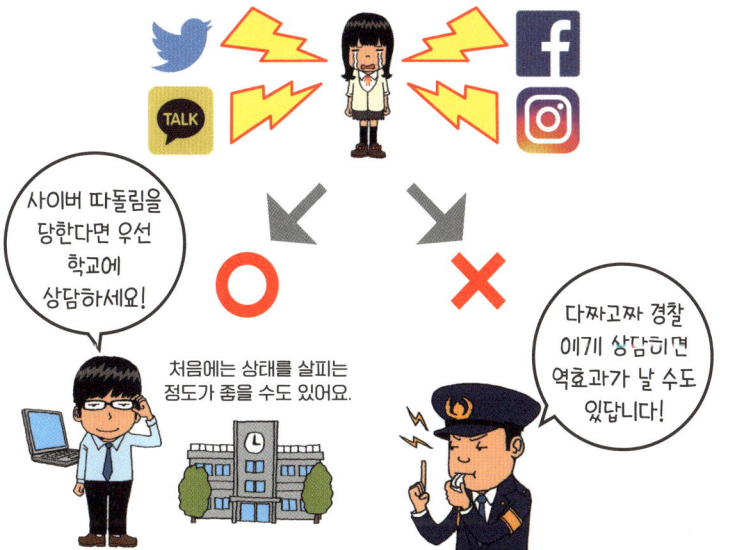

만약 사이버 따돌림을 당한다면?

○ 사이버 따돌림을 당한다면 우선 학교에 상담하세요! 처음에는 상태를 살피는 정도가 좋을 수도 있어요.

✕ 다짜고짜 경찰에게 상담하면 역효과가 날 수도 있답니다!

읽을 거리

인스타그램의 스토리란?

젊은 여성을 중심으로 인기를 끌던 인스타그램 사용자의 연령층이 최근 넓어졌습니다. 아이들이 좋아하는 연예인이나 모델, 인플루언서 등이 활발하게 인스타그램을 할 경우, 아이는 더욱 인스타그램을 시작하고 싶어 하겠지요. 특히 패션에 흥미 있는 여자아이는 화장품과 잡화, 옷 등의 정보를 보려고 인스타그램 계정을 가지고 싶어 합니다. 그러나 인스타그램 규정에 따르면 '만 13세 이상'이 되어야 계정을 만들 수 있습니다.

인스타그램은 사진 한 장 또는 여러 장에 본문과 해시태그(#)를 붙여서 게시하는 SNS입니다. 동영상도 올릴 수 있는데, 최근 인기를 끄는 것은 '스토리'입니다. 스토리는 버튼을 누르고 있는 60초 동안 촬영되기 때문에 길이가 짧고, 24시간이 지나면 자동으로 사라집니다.

스토리 공개 대상은 기본적으로 팔로워 한정입니다. 그래서 평소처럼 꾸미지 않은 모습을 게시할 수 있어 가볍게 활용하기 좋지요. 친구와 웃긴 춤을 춘다거나 웃긴 표정 짓기를 몇 번이고 반복하며 즐겁게 놀 수 있습니다.

하지만 곧 '사라지니까' 안심하고, 미성년자인데 술을 마시는 모습이나 애인과 허물없게 지내는 모습을 업로드 하는 경우도 있습니다. **누군가가 스크린 샷으로 찍어 퍼뜨릴 가능성이 있는데도 말이지요.** 사실 스토리는 검색 창에서 프로필을 찾아 프로필 화면을 터치하면 팔로워가 아니어도 볼 수 있습니다. **인스타그램의 스토리가 24시간 뒤에 사라진다고는 해도 '안심은 금물!'**이라는 것을 꼭 기억하세요.

제 4 장

돈 문제는 조심 또 조심!

인터넷 쇼핑을 할 때 주의할 점

생각나면 바로 필요한 물건을 살 수 있는 인터넷 쇼핑은 매우 편리하지요. 아마존이나 지마켓, 쿠팡 같은 종합 쇼핑 사이트 외에도, 각 상점 사이트에 접속해 원하는 상품을 검색하면 바로 구매할 수 있으니까요. 컴퓨터나 노트북의 웹 브라우저뿐만 아니라, 스마트폰에 상점 전용 애플리케이션을 설치해 구매하는 사람도 많습니다. 무료 배송에 당일 배송도 가능한 곳이 많아, 이제 상점에 직접 가지 않아도 쉽게 쇼핑할 수 있는 시대가 되었습니다.

그러나 주의할 점도 있습니다. 예를 들면, '돈을 지불했는데도 상품이 도착하지 않을' 수도 있지요. 이런 문제를 피하려면 우선 **쇼핑 사이트를 운영하는 상점 정보를 꼼꼼히 확인**해야 합니다. 대표자 이름과 주소, 전화번호 같은 연락처 외에 '전자상거래법'에 따라 운영하는지를 반드시 확인합니다. 상점 이름으로 검색했을 때 인터넷에 나쁜 평가가 없는지 확인하는 것도 중요합니다. 물론 상품이 언제까지 도착하는지도 잘 살펴봐야겠지요.

신용 카드로 결제할 때는 쇼핑 사이트의 보안이 특히 중요합니다. 개인 정보를 입력하는 웹 페이지의 URL이 'https://'로 시작하면 입력한 정보가 암호화되어 보호되므로 안심할 수 있습니다. **신용 카드로 결제하기가 불안하다면 '무통장 입금'이나 '후불 결제'가 가능한지 살펴보세요.**

대형 사이트를 흉내 낸 **가짜 사이트**도 있는데, URL이 미묘하게 다릅니다. **이상한 한국어로 쓰인 사이트**도 가짜일 가능성이 있으니 주의하는 게 좋습니다.

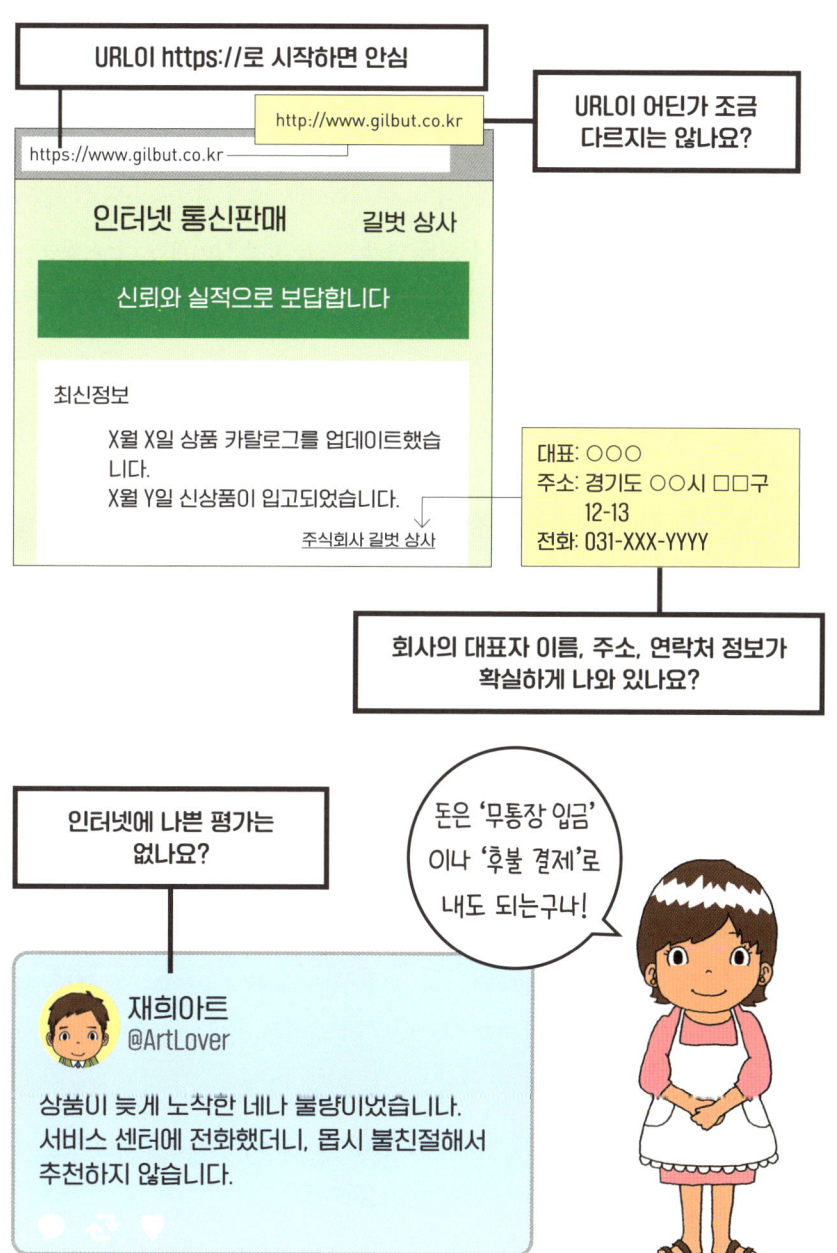

31 개인끼리 거래할 때는 이 점에 주의해요!

인터넷에서는 기업이 운영하는 상점이 아니라 개인에게 상품을 구입할 수도 있습니다. 인터넷 경매 사이트나 오픈 마켓, 중고 거래 사이트가 이에 해당합니다.

인터넷 경매 사이트는 상품을 팔려는 사람이 가격을 정해 상품을 내놓고, 기간 내에 가장 높은 가격을 매긴 사람이 낙찰받아 구입하는 시스템입니다. '옥션', '위메프' 등이 이러한 경매 사이트로 시작했다가, 최근에는 오픈 마켓(다수의 판매자와 소비자가 온라인에서 거래함으로써 누구나 판매자와 소비자가 될 수 있는 운영 방식)에 가까워졌습니다.

'중고나라'나 '당근마켓'은 상품을 파는 사람이 정한 가격에 상품을 구입하는 시스템입니다. 스마트폰으로 간단하게 사고팔 수 있고, 캐릭터 상품이나 연예인 굿즈, 잡화 등 희소하면서도 저렴한 상품을 많이 판매해 학생이나 젊은 층에게도 인기가 높습니다.

그러나 이런 사이트를 이용할 때는 조심해야 합니다. **가짜 상품을 브랜드 제품으로 속여 팔거나, 상품을 발송하지 않고도 발송했다고 거짓말하는 사람**도 있기 때문이지요. '직접 만나서' 거래할 때는 특히 더 조심해야 합니다. 만나기로 한 사람이 어떤 악의를 품었을지도 모르니 혼자 나가는 일이 없도록 하세요. 또한, 집 주소를 알려 주지 말고 근처의 지하철역이나 공공장소 등에서 만나는 것이 좋습니다. 거래를 확정하기 전에 **판매자와 과거에 거래했던 사람이 쓴 구매 후기**를 참고하는 것도 한 가지 방법입니다.

개인 간 거래에서는 이런 문제가 발생하기 쉬워요

■ 가짜 상품을 브랜드 제품으로 속여 팔아요

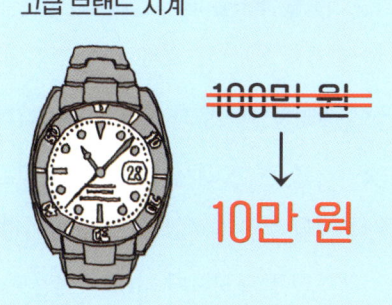

■ 돈을 보냈는데도 상품을 발송하지 않아요

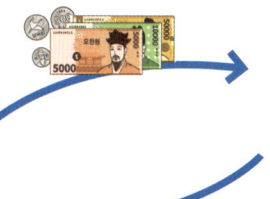

32 인앱 결제, 방심하지 마세요!

스마트폰 애플리케이션에는 유료와 무료가 있습니다. 유료 애플리케이션은 제시된 금액을 낸 뒤 설치하는 유형, **설치는 무료로 할 수 있지만 아이템을 구입하거나 기능을 추가할 때는 결제해야 하는** 유형으로 나뉩니다.

두 번째 유형은 '인앱 결제'로 불리며 최근 게임에서 자주 사용됩니다. 게임 진행에 유리한 아이템과 자신의 캐릭터를 꾸미는 부품 등을 결제해서 이용하는 것이지요. 물론 결제하지 않아도 게임을 계속할 수는 있지만, 게임 내 이벤트나 세일 등을 수시로 노출해 아이템을 사도록 유도합니다. 아이템이 뽑기 기계처럼 불규칙하게 나오는 게임도 있어서, 원하는 아이템이 나올 때까지 계속 구입하다가 정신을 차리고 보니 놀랄 만큼 큰 액수를 결제한 것을 깨닫는 경우도 있습니다. 또, 사진 편집 애플리케이션에서 스티커를 구입할 때나 비즈니스 관련 애플리케이션에서 더 좋은 기능을 쓰고 싶을 때도 인앱 결제를 이용합니다.

무료 애플리케이션이라서 설치했더니 그 이후부터는 결제가 필요하다면 곤란하겠지요? 인앱 결제는 1회 금액이 싸기 때문에 무심코 2회, 3회 반복해서 결제하게 되는 것도 특징입니다. 이 때문에 나중에 신용 카드 청구서를 받고 놀라는 사태가 종종 벌어지곤 하지요.

인앱 결제는 스마트폰 설정에서 제한할 수 있습니다. 한 번 설정해 두면 비밀번호가 알려지지 않는 한 남이 함부로 결제할 수 없지요. 게다가 실수로 깜빡하고 구입 버튼을 누르는 것도 방지할 수 있으니 설정해 두기를 권장합니다.

무료 애플리케이션이라고 해서 돈이 전혀 들지 않는 건 아니에요

무료로 설치했지만 플레이를 하다 보면 돈이 드는 게임 애플리케이션이 많아요.

인앱 결제를 제한하도록 설정해 두면 안심할 수 있지요.

33 신용 카드 관리는 확실하게!

인터넷에서 쇼핑할 때는 신용 카드를 주로 이용합니다. 요즘은 아이도 카드가 돈을 대신한다는 사실 정도는 알고 있습니다. 어떤 초등학생 남자아이가 스마트폰으로 게임을 하다가, 부모 지갑에서 신용 카드를 빼내 결제 화면에 카드 정보를 입력하고 아이템을 구매했다고 합니다. 당시 그 아이의 나이는 겨우 일곱 살이었답니다. 아마도 평소 부모가 신용 카드를 사용하는 모습을 보고 기억했을 텐데, 카드 뒷면에 있는 보안 코드까지 틀리지 않고 입력했다고 하니 기가 막히지요?

이 사례에서 알 수 있듯이 스마트폰을 다룰 수 있는 연령이라면, 신용 카드의 정보를 입력하는 일은 어렵지 않습니다. 신용 카드 정보를 한 번 등록해 두면 그 후에는 같은 정보로 손쉽게 결제할 수 있으니, **부모의 스마트폰을 아이에게 줄 때는 이전에 입력한 카드 정보가 남아 있지는 않은지 꼭 확인하세요.** 문자를 입력할 때 자동으로 완성되거나 자동으로 로그인되는 방식으로 카드 정보가 남아 있을 가능성도 있습니다. **아이에게 스마트폰을 건네기 전에 문자 입력 이력을 삭제**하면 좀 더 안심할 수 있겠지요. 아이가 자기 멋대로 부모의 신용 카드로 구매했다면 '미성년자의 계약 취소'라는 법률에 따라 구매를 취소할 수 있습니다. 다만, 부모가 신용 카드 관리를 소홀히 했다고 해석되면 취소할 수 없는 경우도 있습니다. **아이에게 신용 카드의 원리를 알려 주고, 카드 정보를 입력하는 화면이 표시되어도 절대로 입력하지 말 것, 유료 애플리케이션과 아이템을 결제하고 싶을 때는 부모님과 먼저 상의할 것을 꼭 가르쳐 주세요.**

신용 카드는 소유자, 즉 부모가 책임지고 관리해요

제4장

신용 카드는 중요하게 관리해요.

카드 번호 보안

스마트폰에서 신용 카드를 이용해 구매하면, 카드 정보가 남아 있을 가능성이 있어요.

됐어!

게임 아이템 결제 완료!

아이에게 스마트폰을 건네기 전에 카드 정보가 남아 있는지 꼭 확인하세요!

107

34 온라인에서 필요한 돈은 부모가 내는 게 좋아요!

여러 가지 위험 요소를 생각하면 아이에게 "대학생이 될 때까지 인터넷 쇼핑은 금지야."라고 말하고 싶겠지만, 인터넷에서만 구할 수 있는 제품도 많습니다. 어떤 여고생은 아주 좋아하는 가수의 CD를 예약 구입하기 위해 인터넷 쇼핑을 이용한다고 합니다. 그 가수가 직접 사인한 굿즈가 가지고 싶을 때는 중고 거래 사이트나 오픈 마켓도 이용하고요.

아이들은 인터넷에서 결제할 때 자신의 용돈을 계좌로 이체하기도 하고, 문화상품권이나 핸드폰 소액 결제 등을 이용하기도 합니다. 하지만 될 수 있으면 부모의 스마트폰으로 결제하고, 아이의 용돈에서 제하거나 비용을 받는 것이 바람직합니다.

선불 카드도 안전한 지불 방법입니다. 카드에 충전한 금액만큼만 사용할 수 있기 때문에 조금 더 안심할 수 있지요. 요즘은 카드사마다 형태는 조금씩 다르지만, 만 12세부터 발급할 수 있는 청소년 체크카드도 있습니다. 부모의 신용카드에 딸린 형태로 나오는 청소년 자녀 신용 카드도 있는데, 한 달에 쓸 수 있는 최대 금액이 한정되어 있고 자녀가 사용할 때마다 부모에게 문자로 내역이 전송됩니다.

특히 게임에 쓰려고 **선불 카드를 구입할 때는 부모의 양해를 얻거나 부모와 함께 구입**하도록 미리 약속해 두어, 용돈이나 세뱃돈을 낭비하지 않도록 하세요.

선불 카드를 구입하거나 부모가 대신 결제해요

선불 카드
편의점 등에서 구입한 선불 카드로, 온라인에서 필요한 비용을 지불해요.

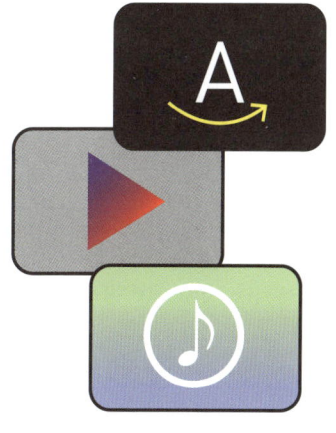

부모가 결제해요
부모가 결제하고 자녀한테 돈을 받아요.

35 라이브 방송에는 '돈을 보내 후원하는' 시스템이 있다고요?

최근 인터넷에서 라이브 방송이 유행입니다. 라이브 방송이란 동영상 사이트 등에서 생중계하는 것으로, 플랫폼에서 시청과 방송이 동시에 이루어집니다. 라이브 방송의 내용은 마치 TV 프로그램처럼 기획해서 연예인이 출연하는 콘텐츠부터 평범한 청소년의 잡담에 이르기까지 다양합니다. 특히 게임 플레이를 방송하는 '게임 실황 방송'은 남자들에게 인기가 많지요. 게임 방송 전문 플랫폼인 트위치(Twitch)에서는 게임 플레이를 보여 주는 것이 직업인 프로게이머도 방송을 합니다. 시청자와 방송하는 사람이 댓글을 통해 실시간으로 교류할 수 있는 것도 라이브 방송의 매력입니다.

라이브 방송에는 '후원하기'에 해당하는 결제 기능이 있습니다. 방송하는 사람에게 '돈을 보내서' 응원하는 기능이지요. 돈을 송금하거나 결제하면 방송하는 사람에게 곧바로 전달되어, 내 이름을 불러 주기도 하고 고맙다고 인사도 하는 등 다른 시청자보다 특별한 대우를 받을 수 있습니다. 결제 금액은 몇천 원에서 몇십만 원까지 다양하며 송금한 금액을 시청자가 알 수 있습니다.

이런 결제 시스템은 방송하는 사람에게는 다시 콘텐츠를 만들 수 있도록 자금을 대주는 고마운 시스템이지만, 시청자에게는 돈을 보내거나 결제를 함으로써 남들보다 특별해지고 싶다는 허황된 마음을 끝없이 부추길 가능성도 있습니다. 그러니 ==아이와 부모가 함께 라이브 방송을 보고 정말로 결제할 것인지 판단하거나, 결제하는 것 자체를 부모가 제지==하는 게 좋습니다.

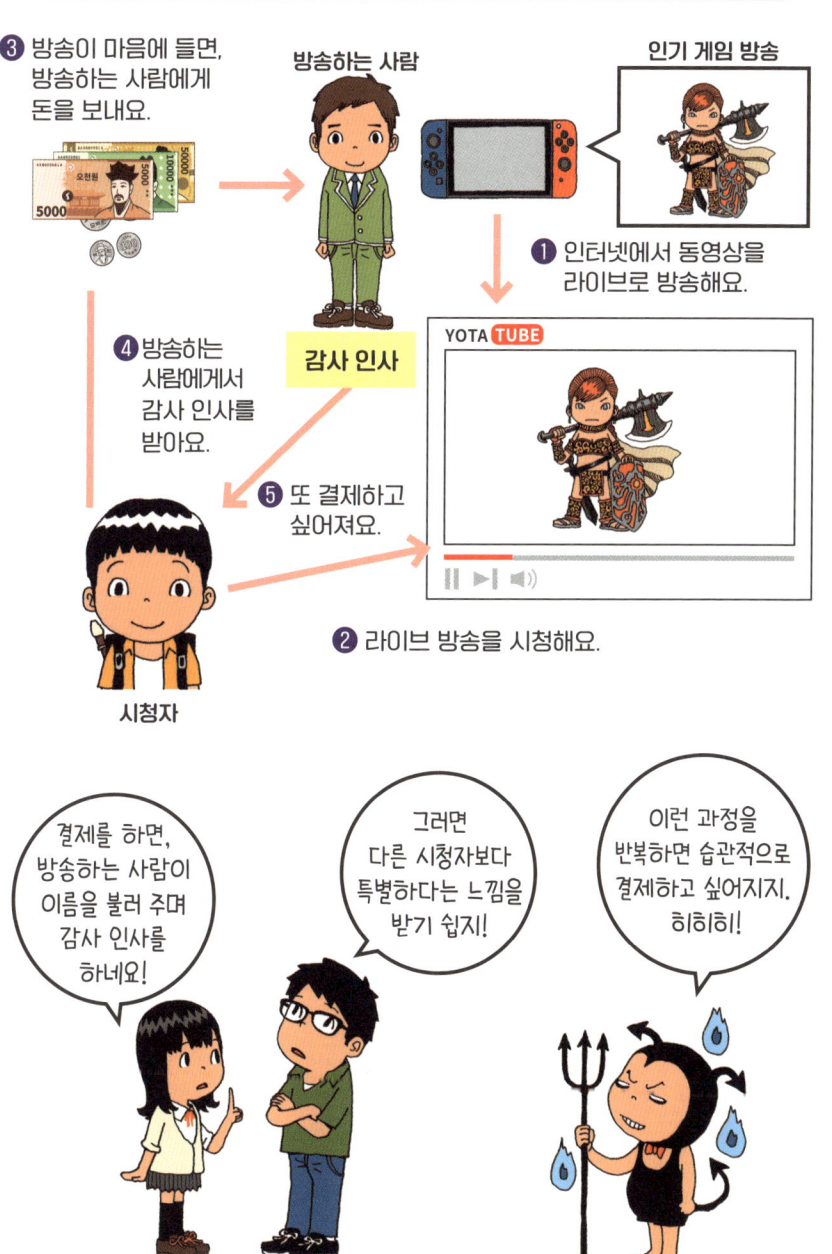

미리미리 체크업

첫째 **아이의 경제 감각을 키워요**

어린 시절에는 집에 돈이 얼마든지 있다고 생각하기도 합니다. 부모가 살림을 잘 꾸려 가는 덕분에 지금처럼 생활할 수 있다는 사실을 아이에게 알려 주고, **용돈 기입장을 쓰게 하면** 아이도 돈을 쓰는 법에 대해 생각하게 됩니다. 만약 애플리케이션에서 결제하는 것을 허락한다면 얼마를 썼는지도 자세히 기록하게 하세요. 매달 용돈을 어떻게 사용했는지 뒤돌아보면서 반성할 점이 없는지 찾아보게 하는 것도 좋습니다.

집안일을 돕게 하고 그 대가로 돈을 주는 방법도 있습니다. 초등학생의 경우 '방 청소 1회 500원' 등으로 정하면, 원하는 게임 아이템을 사기 위해 청소를 몇 번이나 해야 하는지 계산하며 산수 공부를 할 수도 있답니다.

돈 쓰는 법에 대해 생각하는 기회를 가져요

■ 집안일을 돕고 돈을 받아요

방 청소 1회당 용돈에서 500원씩 올려 줄게!

■ 용돈 기입장을 쓰게 해요

날짜	품목	금액
11월 1일	카카오톡 이모티콘	2,500원
11월 8일	인앱 결제	1,500원
11월 15일	만화	5,000원
11월 18일	게임 아이템	1,000원
11월 26일	인앱 결제	1,500원

이달에는 유료 아이템을 2개 샀으니까, 방 청소를 4회 해야 해!

인앱 결제를 2회 했으니 화장실 청소를 6회 해야 하는구나.

미리미리 체크업

둘째 **부모도 낭비하지 않아요**

아이에게 "결제하지 마라." 또는 "인터넷 쇼핑은 하지 마라."라고 아무리 말해도, 부모가 게임 아이템을 자꾸 산다거나 인터넷으로 쓸데없는 쇼핑을 계속한다면 설득력이 떨어지겠지요?

부모는 고생해서 일하며 돈을 버니까 어느 정도 내키는 대로 쓰는 것은 당연합니다. 그러나 아이가 어느 정도 자라기 전에는 그런 사정을 이해하기 어렵습니다. 그러니 **아이가 어릴 때는 부모도 각오를 단단히 하고 올바르게 돈을 쓰는 방법을 보여 주세요.**

아이의 낭비를 막기 위해 부모가 모범을 보여요

· 지나친 결제는 안 돼!
· 인터넷 쇼핑은 금지야!

■ 부모가 낭비하면…   ■ 부모가 모범을 보이면…

나한테는 사지 말라고 하더니….
엄마는 화장품 같은 거 이것저것 사면서 너무해요!

돈은 소중해!
낭비하면 안 돼!

주의를 주는 부모가 제대로 하지 않으면 효과가 없습니다!

아이에게 모범을 보이는 것이 중요합니다!

자녀에게 알뜰폰을 권해 보세요!

아이가 스마트폰을 갖고 싶어 할 때 안전과 동시에 걱정되는 것이 요금이 겠지요. 보통 부모와 자녀 두 명이 스마트폰을 쓰면 한 달 요금 총액이 20만 원을 훌쩍 넘는 경우도 많습니다.

이럴 때 고려할 수 있는 것이 저렴한 '알뜰폰'입니다. 알뜰폰이란 대기업 이동통신사보다 싼 요금으로 이용할 수 있는 스마트폰입니다. 통신을 처리하는 '저렴한 유심(SIM 카드)'으로 바꿔 끼우면 사용할 수 있지요. 이 유심을 사용하는 이용자의 월평균 요금은 대략 2만 원대로 상당히 쌉니다. 알뜰폰으로 바꿔도 기존에 사용하던 전화번호와 데이터는 문제없이 그대로 사용할 수 있습니다.

알뜰폰과 저렴한 유심을 판매하는 회사는 매우 많은데 대부분 필터링 서비스를 제공하지 않습니다. 이럴 때 필터링 서비스를 제공하는 앱을 따로 설치해 이용하면 안심할 수 있습니다. 사용 중인 스마트폰의 기종이나 집에서 사용하는 인터넷, TV 등 유선 상품과 결합할 경우에 할인되는 서비스도 확인하면 좋겠지요. 카카오톡과 유튜브 등의 데이터 사용량을 무료로 제공하는 회사도 있습니다. 또, 부모와 자녀가 같은 스마트폰 기종을 사용하면 문제가 생겼을 때 도와줄 수 있지요.

참고로 제 딸은 중고 아이폰과 저렴한 유심으로 스마트폰 사용을 시작했습니다. 통화 이외에는 거의 와이파이를 사용하기 때문에, 데이터 속도가 느려도 문제가 되지 않아 만족하며 사용하고 있답니다.

제 5 장

스마트폰, 적당한 거리를 두고 매너 있게 사용해요!

36 스마트폰을 지나치게 자주, 오래 사용하는 것을 예방하려면?

2020년에 대구가톨릭대 연구팀에서 발표한 결과에 따르면, 우리나라 중·고등학생의 하루 평균 스마트폰 사용 시간은 주중 4.72시간, 주말 6.56시간이었습니다. 스마트폰을 사용하는 시간이 길수록 시력과 건강 문제가 생길 확률이 높아지겠지요?

외출하면 스마트폰에 집중하는 시간이 줄어듭니다. 그러니 **자신이 스마트폰을 지나치게 많이 사용한다고 느낀다면 낮에는 밖으로 나가** 보세요. 특히 휴일에 아침부터 게임 삼매경에 빠져 있을 때 낮에 가족이 함께 외출하면, 게임 이외의 것에 눈을 돌리는 계기가 되니 일석이조랍니다.

문제는 늦은 밤 시간대입니다. 친구와 SNS로 채팅하느라 대화에서 빠져나오지 못하거나, '그만 봐야지.' 하고 생각하면서도 동영상을 계속 보는 것처럼 종종 수면 시간을 줄이며 스마트폰을 사용합니다. 한창 성장해야 할 시기에 수면이 부족하면 신체에 좋을 리가 없습니다. 또, 밤은 숙제와 시험공부를 하는 시간대이기도 합니다. 스마트폰을 보면서 공부한다면 집중할 수 있을 리가 없겠지요?

집에서 스마트폰을 이용해도 좋은 시간을 정하고, 시간이 다 되면 거실에 스마트폰을 두는 곳을 정해 갖다 놓는 등 물리적으로 스마트폰과 거리를 두는 규칙을 정해 보세요. 그러나 초등학생이나 중학생과 달리 연령대가 높은 고등학생에게는 이런 규칙이 맞지 않을 수도 있으니, 스마트폰 때문에 늦잠이나 지각이 느는 등 일상생활에 지장이 생길 때만 규칙을 지키는 것도 방법입니다.

스마트폰과 물리적으로 거리를 두어요

제5장

스마트폰을 이용하는 시간이 계속 늘어나고 있어요

■ 중·고등학생 스마트폰 사용 시간

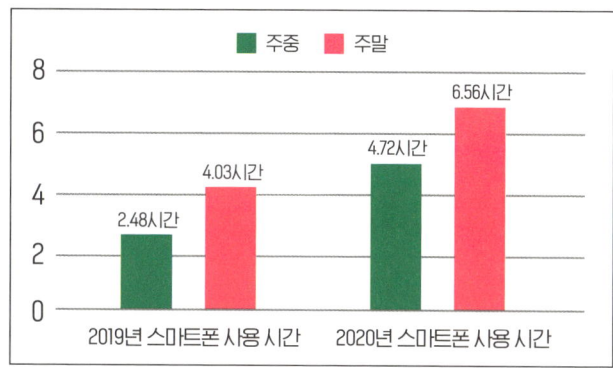

※ 출처: 대구가톨릭대 연구팀

스마트폰을 사용하는 시간을 정해요
정해 둔 시간이 지나면, 스마트폰을 진동 모드로 바꿔 일정한 장소에 갖다 놓아요.

휴일 낮에는 가족이 함께 외출해요
스마트폰과 게임 이외의 것에 눈을 돌리는 계기가 돼요.

37 걸어가며 스마트폰을 사용하면 정말 **위험**해요!

걸으면서 스마트폰을 사용하는 '보행 중 스마트폰 사용'이 큰 문제가 되고 있습니다. 우리나라 교통안전공단에 따르면 보행 중 1회 이상 스마트폰을 사용한 사람이 95.7%이고, 응답자의 5명 중 1명 이상은 보행 중 스마트폰을 사용하다가 사고가 날 뻔한 경험이 있다고 합니다.

보행 중 스마트폰 사용으로 인한 사고는 '사람과 물건, 자전거 등에 부딪히는' 사례가 가장 많고, 그다음으로 '쓰러지거나', '아래로 떨어지는' 사례가 많다고 합니다. 대부분 가벼운 부상이긴 하지만, 간혹 지하철역 계단이나 플랫폼에서 떨어지는 사례도 있어 큰 사고로 이어질 가능성도 무시할 수 없습니다. 이어폰을 꽂고 걸으며 음악을 들으면 주변에서 일어나는 일에 주의를 기울이지 못합니다.

이렇듯 뭔가를 하는 동시에 스마트폰을 사용하면 무척 위험합니다. '포켓몬 GO' 게임이 유행했던 2016년에는 스마트폰을 보며 트럭을 운전하던 운전사가 초등학생을 치어 사망에 이르게 한 사고가 있었습니다. 운전을 하지 않는 미성년자라면 자전거를 타며 스마트폰을 볼 때가 가장 위험하겠지요.

<u>외출 중에 잠깐 카톡에 답해야 할 때는 다른 사람에게 방해가 되지 않는 장소에 멈춰 서서 답하세요.</u> 특히, 대중교통으로 통학한다면 사람이 붐비는 장소에서 스마트폰을 이용할 일이 많을 것입니다. <u>보행 중에 스마트폰을 사용하지 않는 것은 자신의 몸을 지킬 뿐만 아니라, 누군가를 다치게 하지 않기 위해서도</u> 꼭 필요하다는 것을 알아 두세요!

걸어가며 스마트폰을 사용하지 않아요

걸어가며 스마트폰을 사용하면 사고를 당하거나 다치기 쉬워요.

외출해서 스마트폰을 사용할 때는 다른 사람을 방해하지 않는 장소에 멈춰 서서 사용해요.

38 가게에 진열된 상품을 허락 없이 **촬영**하면 안 돼요!

SNS 시대인 요즘에는 인기 있는 가게에서 맛있는 음식을 먹을 때 사진을 찍어서 올리는 사람들이 많습니다. 이때 혹시 가게 안에 '촬영 금지'라고 쓰여 있지는 않은지 확인해 봐야 합니다. 상업적인 목적으로 촬영하는 게 아니라면, 가게 안에 있는 것을 찍었다고 해서 뭐라고 하는 경우는 별로 없습니다. 다만, 매장 진열 방식을 경쟁 가게에 알리고 싶지 않거나 <mark>가게 측의 사정으로 촬영을 거부하는 경우</mark>도 종종 있지요. 촬영해도 괜찮은지 걱정이 들 때는 <mark>먼저 직원에게 "가게 내부 사진을 찍어도 좋을까요?", "블로그나 SNS에 올려도 괜찮나요?"라고 물어서 확인</mark>하세요. 옷 가게에서 옷을 입어 보는 모습을 사진으로 찍는 사람도 있는데, 이 경우에는 탈의실을 사용하는 다른 고객에게 폐를 끼칠 수 있으니 조심해야겠지요.

스마트폰 카메라를 메모 대신으로 사용하는 사람도 종종 있습니다. 기억해 두고 싶은 정보가 있을 때, 재빨리 촬영해 두면 문장과 사진을 한꺼번에 기록할 수 있어 무척 편리하거든요. 그러면 서점에 진열된 책과 잡지의 페이지를 넘기며 촬영하는 것은 어떨까요? 본인은 서서 잠깐 읽는 것과 같다고 생각할 수도 있지만, <mark>지나치게 많은 페이지를 촬영할 경우 돈을 내지 않고 책의 정보만을 얻는 '디지털 절도'가 될 수도</mark> 있습니다. 또, 책을 촬영하는 것 자체는 법을 어기는 게 아니어도, 촬영한 것을 인터넷에 공개하면 책 판매에 영향을 주어 저작권법을 어길 소지가 있지요. 그러니 사진 촬영 매너와 글, 음악, 영상 등을 만든 사람의 권리를 보호하는 저작권법에 대해 미리 알아 두세요.

가게 내부 사진을 찍을 때는 주의해요

가게 내부의 상품을 촬영하거나, 촬영한 사진을 블로그와 SNS에 업로드 할 때는 확인이 필요해요.

가게 진열대의 책과 잡지의 페이지를 촬영하는 것도 문제가 될 수 있어요.

찰칵

찰칵

가게 측에서도 사진이 찍히면 곤란한 상황이 생기겠네요.

가게에서 사진을 찍을 때는 거기서 일하는 분에게 먼저 물어보자꾸나!

39 공공장소에 맞는 스마트폰 매너를 알아 두세요!

앞 장에서도 말했듯이 스마트폰을 어떻게 사용하느냐 따라 다른 사람에게 폐를 끼칠 수도 있습니다. 예를 들면, 다들 조용히 식사를 즐기는 식당에서 누군가 크게 셔터음을 내며 계속 사진을 찍는다고 해 볼까요? 이때 '저 사람은 사진 찍는 걸 좋아하나 봐.' 하고 가볍게 생각하는 사람도 있겠지만, '시끄러워서 모처럼 하는 외식이 엉망이야!'라며 기분 나빠하는 사람도 있겠지요. 이처럼 사람마다 생각하는 것은 다 다르지만, 기본적으로 스마트폰을 사용할 때 주위 사람들을 불쾌하게 하지 않도록 올바른 이용법을 알아 두는 게 좋습니다.

영화관이나 공연장, 미술관, 병원 등에서는 **스마트폰 전원을 끄도록 하세요.** 아이들은 통화보다는 주로 SNS나 게임을 많이 하는데, **지하철 안에서는 소리를 줄이도록 주의**하는 게 좋습니다. 지하철 안에서 음악을 들을 때도 이어폰에서 소리가 바깥으로 새 나가지 않도록 주의하세요.

조용한 장소일수록 스마트폰에서 나는 소리가 주위 사람들에게 폐가 됩니다. 그럴 때는 **'무음 모드'로 설정**하면 소리는 물론이고 알람이나 진동도 울리지 않습니다. 셔터음의 경우에는 **셔터음이 없는 '무음 카메라 애플리케이션'을 이용**하면 됩니다. 이어폰에서 소리가 새는 것은 고품질 이어폰을 사용하면 크게 줄어듭니다.

또한, 식사하다가 스마트폰을 만지작거리거나 친구와 함께 있는데도 계속 스마트폰을 보는 행동은 상대를 불쾌하게 합니다. 외식할 때 상대방에게 이런 모습을 보이지 않도록 주의하세요.

이런 장소에서는 스마트폰에서 소리가 나지 않도록 주의해요

제 5 장

비행기

식당

공연장

병원
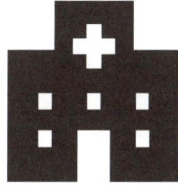

영화관·소극장

미술관·박물관

무음 모드로 하면 벨 소리나 진동이 울리지 않아!

사진을 찍을 때는 무음 카메라 애플리케이션을 사용하면 되겠구나!

무음 카메라 애플리케이션으로 몰래 촬영하는 것은 불법입니다!

혹시 사진에 다른 사람의 얼굴이 찍히지는 않았나요?

스마트폰이 늘 가까이 있다는 것은 항상 카메라를 가지고 다닌다는 뜻입니다. 아이는 어른이 생각하는 것보다 훨씬 손쉽게 스마트폰으로 촬영하곤 합니다. 친구와 사진을 찍는 것이 놀이나 마찬가지거든요.

그런데 아이가 촬영한 사진에 주위 사람이 찍힐 때도 있습니다. 이때 **누구인지 알아볼 수 있다면 '초상권 침해'가 될 수도 있으니 주의**해야 합니다. 초상권은 자신의 얼굴과 모습이 멋대로 촬영되거나 공개되지 않을 권리입니다. 프로 사진가도 길에서 눈에 띄는 사람을 발견해 촬영할 때는 초상권에 주의하며 찍습니다. 다른 사람이 찍힌 사진을 SNS 등에 공개하려면 그 사람의 허락을 받거나, 누구인지 알아보지 못하도록 편집할 필요가 있습니다.

친구와 함께 찍은 사진을 SNS에 올려서 문제가 벌어지기도 합니다. 예를 들면, 다른 친구가 놀자는 것을 거절하고 자기와 놀아 준 아이와 인터넷에 얼굴을 드러내지 않도록 부모한테 주의를 받은 아이는 사진이 SNS에 공개되면 곤란하겠지요. 친구와 놀러 나가서 촬영한 사진을 모두에게 보여 주고 싶은 마음은 이해가 됩니다. 하지만 **사진을 공개하기 전에 SNS에 얼굴이 드러나도 괜찮은지를 사진에 찍힌 사람들에게 먼저 확인**하세요.

또한, **여러 명이 촬영한 사진에 얼굴을 드러내면 안 되는 친구가 있다면, 귀여운 스티커로 얼굴을 숨기거나 모자이크 처리를 하는** 등 편집하면 됩니다. 이 방법은 모르는 사람이 사진에 찍혔을 때도 효과적이랍니다.

사진을 공개하기 전, 사진에 찍힌 본인에게 허락을 받아요

제 5 장

얼굴에 모자이크 처리를 해요.

사진에 찍힌 사람 중 인터넷에 얼굴이 나오는 걸 꺼리는 사람이 있다면…

스티커로 얼굴을 숨겨요.

스마트폰에 사진 편집 애플리케이션을 설치해 두면 편리하겠다!

미리미리 체크업

첫째 공공장소에서는 폐가 되지 않도록 설정해요

공공장소에서는 스마트폰을 <u>매너 모드로 하고 진동만 울리도록 설정</u>해 둡니다. 또한, 카메라 촬영이 가능한 장소라도 셔터음으로 분위기를 깨뜨리지 않도록 주의해야 합니다. <u>안드로이드폰은 기종에 따라 셔터음을 지울 수 있으니 소리가 나지 않도록 설정</u>해 두세요. 셔터음을 지울 수 없는 기종과 아이폰의 경우에는 <u>무음 카메라 애플리케이션</u>(예를 들면 '마이크로소프트 PIX' 등)을 사용하면 좋겠지요.

지하철 안이라면 이어폰에서 소리가 새는 것도 문제가 되기 쉬우니, 작은 소리로 듣거나 소리가 새지 않는 이어폰을 준비하세요.

공공장소에서는 매너 모드로 설정해요

안드로이드폰의 매너 모드

설정 바를 아래쪽으로 드래그하면 나오는 '빠른 설정 창'과 설정 애플리케이션에서 진동으로 설정해요. 음량은 스마트폰 오른쪽 옆 또는 왼쪽 옆의 '음량 버튼'으로도 설정할 수 있어요.

아이폰의 매너 모드

본체 옆에 있는 '착신/무음 스위치'에서 소리를 온/오프로 바꿀 수 있어요. 음량은 본체 옆에 있는 '음량 버튼'으로도 변경할 수 있어요.

미리미리 체크업

둘째 가족이 함께 규칙을 정해요

인터넷에서 해도 좋은 것, 하면 안 되는 것, 때때로 부모가 아이의 스마트폰을 확인하는 것, 약속을 지키지 않았을 때의 벌칙 등 <u>스마트폰을 사용하는 데 필요한 규칙을 가족이 함께 이야기해 정합니다.</u> 규칙을 종이에 써서 거실 벽 등에 붙여 두면 잊어버리지 않겠지요. 이때 '스마트폰 사용 규칙을 정하는 이유'를 충분히 이해하면 '정한 규칙은 지켜야 하는 의무가 있다'는 것을 스스로 깨달을 수 있어요. 구체적인 규칙은 146쪽의 '가족이 함께 지키는 스마트폰 & 인터넷 규칙 12가지'를 참조하세요. <u>정한 규칙은 아이의 성장에 맞춰 재점검</u>하는 게 바람직합니다. 예를 들어 '고등학생이 되면 스마트폰을 사용하는 시간은 스스로 관리한다'처럼 수정하는 게 좋겠지요.

스마트폰 사용 규칙은 가족이 함께 의논해서 정해요

유나와 우진이네 스마트폰 사용 규칙

1. 비밀번호는 바꾸지 않는다.
2. 밤 10시 이후에는 사용하지 않는다.
3. 중학생일 때는 기능 제한을 걸어 둔다.
4. 모르는 사람과 메일이나 SNS를 주고받지 않는다.
5. 바른 말씨를 쓴다.
6. 공부 중에는 게임을 하지 않는다.

서로 이야기해서 정한 규칙이니까 지키도록 노력할게요!

우리 집에서 스마트폰을 사용할 때는 이 규칙을 지키도록 하자꾸나!

읽을거리

인스타 감성으로
너무 치우치면 위험해요

트위터와 페이스북 등 다른 SNS에는 없었던 독특한 용어가 인스타그램에 생겨났습니다. 바로 '인스타 감성'입니다. 인스타 감성이란, 인스타그램에 게시하면 '좋아요'를 많이 받을 것 같은 멋진 사진을 가리키는 말입니다. 알록달록한 솜사탕이나 화려하게 장식한 커다란 파르페, 어떻게 먹어야 할지 고민될 만큼 수북이 담긴 로스트비프 덮밥 등 음식점들도 하나같이 인스타그램에서 유행할 만한 메뉴를 내놓고 있습니다.

그러나 이런 메뉴는 인스타 감성을 너무 중요하게 여긴 탓에, 일반적인 메뉴보다 양이 지나치게 많아서 다 먹지 못하는 경우가 흔합니다. 그런 예 중 하나로 커다란 아이스크림이 종이 상자에 버려진 사진이 SNS에 퍼진 적이 있었지요. 그 외에도 아름다운 풍경을 찍기 위해 위험한 장소에 들어가거나, 마트의 쇼핑 카트에 올라타는 등 인스타 감성을 너무 의식한 나머지 규칙을 위반하는 사람들도 종종 볼 수 있습니다. 복잡한 놀이공원에서 인스타 감성에 어울리는 배경으로 사진을 찍겠다며 길을 막은 채 버티거나, 들어가면 안 되는 장소에서 사진을 찍는 사람들도 보입니다.

인스타 감성 사진은 인스타그램뿐 아니라 카카오톡이나 트위터의 타임라인에도 업로드됩니다. 만약 '좋아요'를 받으려고 위험한 행동을 하고 있다면, '좋아요'는 정말로 '좋다'고 생각해서 누르기도 하지만 적당히 예의상 누르는 경우도 많다는 사실을 잘 알아야 합니다. '좋아요' 수를 늘리려고 매너를 어겼다가는 나중에 자기 모습을 뒤돌아보았을 때 부끄러워지겠지요.

제 6 장

잠깐!
저작권과 보안은
확실히 확인했나요?

41 인터넷에 올라온 동영상과 글에는 **저작권**이 있다고요?

인터넷에는 유명한 캐릭터와 귀여운 일러스트 등의 사진이 넘쳐납니다. '다운로드 해서 SNS 프로필 사진으로 써야지!'라고 쉽게 생각할 수 있지만, 그전에 '저작권'과 '초상권'에 대해 함께 생각해 볼까요? <mark>저작권이란 저작물을 소유하고 이용함으로써 이익을 얻는 권리</mark>를 말합니다. 사진 저작권은 그 사진을 찍은 사람에게 있습니다. 인터넷에서 다운로드 한 그림 파일은 '저작권 무료' 혹은 '무료 이미지'라고 확실히 표시되어 있지 않으면 저작권법을 위반해 문제가 될 가능성이 있습니다. 무료로 사진을 배포하는 사이트와 애플리케이션에도 이용자가 저작권법을 위반한 줄 모르고 사진을 올리는 경우가 있으니 주의해야 합니다. 특히 디즈니 캐릭터나 연예인 등 유명 캐릭터나 인물의 이미지를 허락 없이 편집했다면 편집한 사람도, 게시한 사람도 저작권법을 위반했다고 보면 됩니다. 공식 사이트에서 팬을 대상으로 배포하는 무료 사진은 괜찮지만요. <mark>초상권이란 자신의 얼굴과 모습을 남이 멋대로 촬영 및 공개하지 않도록 주장하는 권리</mark>입니다. 예를 들어, 다운로드 한 사진에 다른 사람이 찍혔다면 초상권 침해가 될 수 있습니다.

사진뿐만이 아니라 글, 동영상, 음악에도 저작권이 있습니다. 예를 들어 '○○의 시를 복사해 SNS에 올렸다'거나 '뉴스 사이트의 글을 복사해 출처를 밝히지 않고 블로그에 실었다'와 같은 행위는 나쁜 의도가 없더라도 저작권 위반입니다. 직접 촬영한 사진을 편집하거나 떠오른 시를 메모해 <mark>저작권과 초상권을 침해하지 않는 자신만의 것</mark>을 만들어 보세요.

42 이런 것들은 **인터넷**에 올리면 안 돼요!

2010년, 일본 나고야시의 남자 중학생이 아직 출판되기 전인 만화를 유튜브에 올려서 체포되는 사건이 있었습니다. 만화의 지면을 촬영해 그 사진을 연결한 동영상을 공개했다고 합니다. 중학생이 저작권법 위반으로 체포되었다는 뉴스는 꽤 화제가 되었습니다. 그러나 그 뒤로도 잡지 지면을 사진으로 찍어 인터넷에 올리는 사람들에 관한 뉴스가 끊이지 않고 있습니다. "정말 멋있어!"라며 스마트폰으로 잡지에 실린 아이돌 사진을 찍어 트위터에 공개한다면 저작권법 위반입니다. 마찬가지로 CD 앨범 재킷을 촬영해 사진 업로드 사이트에 올려도 안 됩니다.

저작권은 동영상에도 있습니다. TV 프로그램을 녹화해 유튜브에 올리는 것은 저작권 위반입니다. 유튜브에서 간혹 "저작권 침해 신고에 의해 삭제되었습니다."라고 표시되는 동영상이 있는데, 이는 저작권을 소유한 방송국이 유튜브에 신청해 삭제된 것입니다. 또, 자기가 만든 동영상이라 하더라도 전문 음악가가 만든 곡을 배경 음악으로 사용해 공개하는 것은 위반입니다. 위반을 반복하면 유튜브로부터 계정 정지 등의 조치를 받지요. 이는 유튜브 외 다른 동영상 사이트에서도 마찬가지입니다. 배경 음악은 서비스하는 측에서 준비한 음악을 쓰도록 하세요.

인터넷에는 저작권 침해에 해당하는 사례가 많습니다. **구체적인 사례가 궁금하다면, 한국저작권위원회(www.copyright.or.kr) 사이트에 접속한 뒤 '저작권 상담 사례집'을 다운로드** 해서 볼 수 있으니 참고하세요.

43 불법 다운로드를 하지 않도록 주의해요!

평소에 보고 싶었던 영화나 좋아하는 뮤지션의 음원 자료가 인터넷에 올라와 있다면 무척 기쁠 것입니다. 무료로 다운로드 할 수 있어 돈이 안 드니까요. 이렇게 올라온 영상과 음악은 누군가가 불법으로 복제해 만든 것입니다. 이런 행위 때문에 실제로 영상과 음악을 만든 사람들의 수입이 줄어든답니다.

그런데 불법 복제물을 만든 사람이 처벌받는 것은 알겠지만, 그것을 다운로드 한 사람은 어떨까요? <u>불법으로 제공된 것인 줄 알면서 다운로드 하는 행위는 '불법 다운로드'로 불리며 처벌받을 수 있습니다.</u> 혼자서 즐기려고 다운로드 했어도 불법으로 다운로드 해서 저장하는 것은 '복제'에 해당합니다. 따라서 불법 콘텐츠라는 것을 알고서 다운로드 했다면 처벌받을 수 있습니다.

중고생에게 인기 있는 음악 애플리케이션 중에는 곡을 다운로드 하는 기능이 탑재되어 있는 것이 있습니다. 해외에서 만들어진 이 애플리케이션들은 주로 유튜브 등에서 배경 음악이나 곡을 다운로드 해서 들려줍니다. 애플리케이션을 제공하는 앱 스토어에서 몇 번이고 삭제해도 비슷한 애플리케이션이 바로 등장하기 때문에 소용이 없습니다.

데이터 통신량을 아끼기 위해 배경 음악이나 곡을 다운로드 해 두고 듣는 경우가 많은데, 불법이라는 사실을 확실하게 알아 두세요. 스마트폰으로 음악을 듣는 것을 즐긴다면, 월정액 요금제에 학생 할인이 되는 음원 스트리밍 서비스를 활용하는 것이 좋습니다. 좋아하는 뮤지션을 응원하려면 음원 외에 CD도 사는 것이 좋겠지요.

불법으로 다운로드 하면 처벌 대상이 될 수 있어요

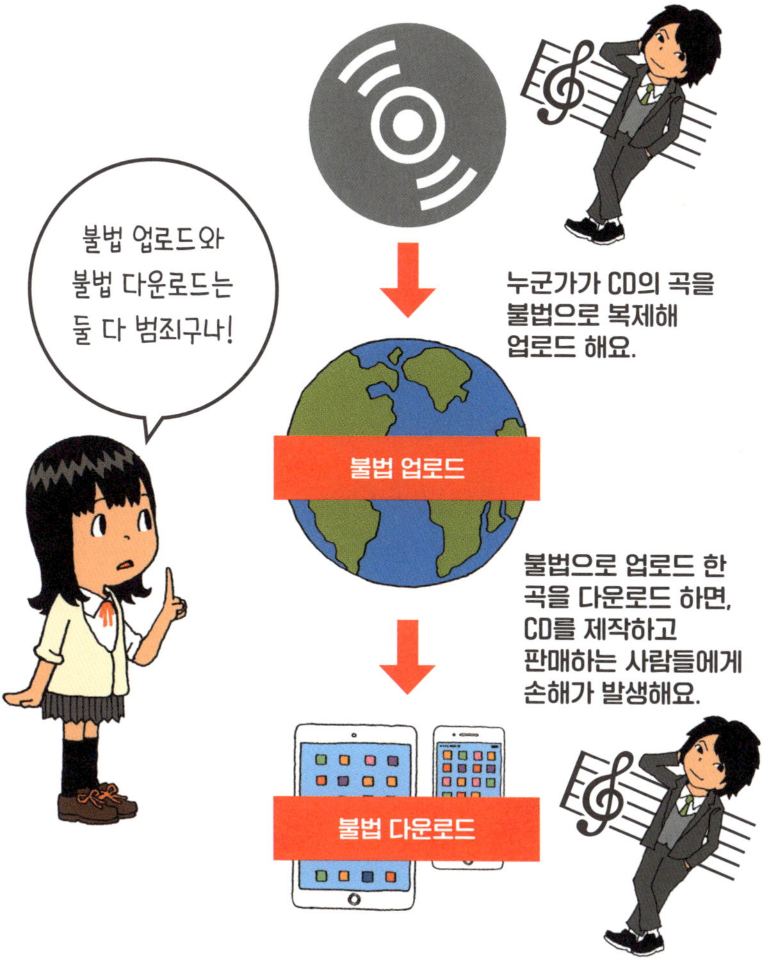

제 6 장

불법 업로드와 불법 다운로드는 둘 다 범죄구나!

누군가가 CD의 곡을 불법으로 복제해 업로드 해요.

불법 업로드

불법으로 업로드 한 곡을 다운로드 하면, CD를 제작하고 판매하는 사람들에게 손해가 발생해요.

불법 다운로드

■ 불법으로 다운로드 하면…
피해자가 고소하면 재판을 통해 형벌을 받을 수도 있고, 손해를 배상해야 할 수도 있어요.

불법 다운로드에 대한 처벌은 무겁다고. 히히히!

44 너무 쉬운 비밀번호는 위험해요!

'비밀번호는 다른 사람에게 알려 주지 않는 것'이란 원칙은 어른에게는 상식입니다. 하지만 아이들은 비밀을 공유하는 것을 아주 좋아합니다. 친한 친구에게는 비밀번호를 알려 주기도 하고 친구와 비밀번호를 같이 만들기도 하지요. 중고생이 되어 좋아하는 이성이 생기면 스마트폰 잠금을 해제하는 비밀번호를 상대의 생년월일로 정하기도 하고요. 상대를 좋아하는 마음을 표현하느라 그럴 수도 있지만 조금 걱정이 되기도 합니다. 왜냐하면 사람의 관계는 시간이 흐르며 변하기 때문입니다. 스마트폰은 개인 정보의 집합체입니다. 만약 **내 비밀번호를 아는 사람이 있다면, 나쁜 의도로 내 스마트폰을 엿보거나 내 SNS 계정에 멋대로 로그인 할 가능성도 있습니다.** 친구의 트위터 계정에 제멋대로 로그인 해서 "해킹했어요!"라며 장난치는 사람들을 보면 말이지요.

이처럼 다른 사람의 계정에 허락 없이 로그인 하면 '정보통신망법' 위반과 비밀침해죄로 처벌받을 수 있습니다. 일본에서는 2014년에 게임 애플리케이션인 '퍼즐앤드래곤'에서 다른 사람의 계정을 해킹해 게임을 한 소년 두 명이 불구속 입건된 사례가 있었습니다. 이 소년들이 계정 해킹이 범죄라는 걸 이해했는지 모르겠지만, 게임을 한다는 기분으로 로그인을 시도하는 동안 우연히 비밀번호를 알았을지도 모릅니다.

비밀번호는 다른 사람이 추측하기 어렵게 만드는 것이 좋습니다. 또한, 사용하는 사이트나 서비스마다 조금씩 비밀번호를 다르게 정하는 것이 중요합니다.

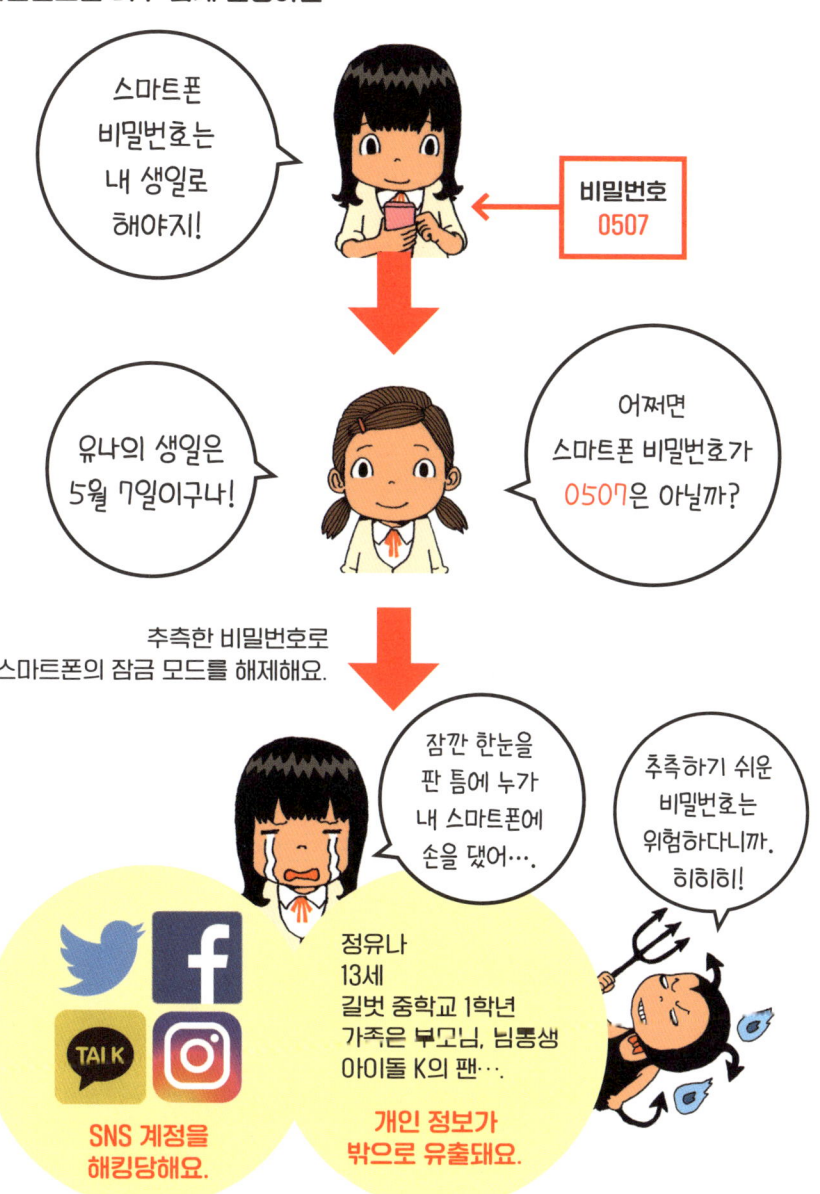

45. 100문 100답 앙케이트로 내 개인 정보가 빠져나간다고요?

중고생들은 '100문 100답' 식의 질문을 친구와 주고받는 경우가 종종 있습니다. 자기가 좋아하는 음식이나 반려동물의 이름 등 100개 가까운 질문에 답하고, 다음에 답할 사람을 지명하기도 합니다. 친구가 자신에 대해 알 수 있는 데다, 미처 알지 못했던 친구의 모습도 알 수 있어 온라인에서 릴레이로 이어지기도 하지요.

그러나 이런 행위는 그다지 안전하다고 할 수 없습니다. ==질문의 답이 계정 등의 비밀번호를 추측하는 힌트가 될 가능성이 있기== 때문입니다. "내 비밀번호는 전혀 상관없는 영어와 숫자 조합이라 괜찮아."라고 하더라도, ==100문 100답 내용 중 '비밀번호 찾기용 질문'의 답을 써 버릴 가능성이 있기 때문에== 안심할 수 없습니다. '비밀번호 찾기용 질문'이란 비밀번호를 잊어버렸을 때를 대비해 미리 등록해 둔 질문으로, 이에 대한 대답으로 본인을 확인하는 시스템입니다. 아는 사람이 나쁜 의도로 계정을 해킹하기 위해 로그인 ID인 메일 주소를 입력하고 '비밀번호 찾기'를 클릭해 이 질문에 답하면, 본인으로 인증될 수도 있어 위험합니다.

'인터넷 사주 사이트'도 조심해야 합니다. 이런 사이트에는 실명과 생년월일, 메일 주소 등의 개인 정보를 입력해야 하는데, 이런 개인 정보가 외부에 유출될 가능성이 있기 때문이지요. 모르는 사람이 느닷없이 질문했다면 대답하지 않았을 내용도, 사주풀이에 필요하다면 거부감 없이 말하게 되는 법입니다. ==자신의 정보를 인터넷에 드러낼 때는 아주 사소한 것이라도 주의하세요.==

앙케이트를 하다 보면, 비밀번호 등 개인 정보가 드러날 위험이 있어요

제 6 장

이름: 박민하
생년월일: 2010년 6월 6일
출생지: 서울시 마포구
가족 구성: 아버지, 어머니, 언니, 나
반려동물: 금붕어 일곱 마리
좋아하는 음식: 돼지고기말이 주먹밥
좌우명: 잘 자는 아이가 건강하게 자란다.

 트윗

이름: 김재희
생년월일: 2010년 7월 8일
출생지: 경기도 양평군
가족 구성: 아버지, 어머니, 나, 여동생
반려동물: 탐탐이(페르시아고양이)
좋아하는 음식: 라면, 불고기
좌우명: 천상천하! 유아독존!

비밀번호와 비밀스러운 질문의 답이 숨어 있군. 히히히!

 트윗

이름: 정유나
생년월일: 2010년 5월 7일
출생지: 서울시 성동구
가족 구성: 아버지, 어머니, 나, 남동생
반려동물: 봉구(거북이), 피코(왕관앵무새)
좋아하는 음식: 닭튀김
좌우명: 그럭저럭 어떻게든 된다!

미리미리 체크업

첫째 보안 소프트웨어를 설치해요

스마트폰을 사용하다가 무심코 바이러스에 감염되면 주위 사람에게도 민폐를 끼치게 됩니다. 스마트폰의 보안을 높이려면 **바이러스 대책과 방화벽 기능이 있는 보안 소프트웨어와 애플리케이션을** 설치하는 게 좋습니다.

가장 손쉬운 방법은 무료 애플리케이션을 설치하는 것입니다. 개인 컴퓨터도 함께 이용한다면 유료 소프트웨어가 더 안심할 수 있지요. 유료 보안 소프트웨어로는 '비트디펜더'와 '노튼 모바일' 등이 있습니다. 무료 보안 소프트웨어로는 'V3 모바일 시큐리티', '알약', 'AVG 안티바이러스'가 있습니다. 유료 소프트웨어 중에는 무상으로 이용할 수 있는 기간이 정해져 있는 것이 많으므로, 시험 삼아 사용해 본 후 구입할지 말지를 결정할 수 있습니다.

스마트폰의 보안을 높이려면?

우선 스마트폰의 비밀번호 및 화면 잠금의 보안 강도를 높여요

스마트폰의 '화면 잠금 방식'에서 비밀번호와 패턴, PIN 등의 보안 강도를 높여요.

무료 또는 유료 보안 소프트웨어를 설치해요

무료 보안 소프트웨어를 설치해서, 악성 애플리케이션이 설치되지는 않았는지 검사해 봐요.

미리미리 체크업

 해킹당했을 때는 서비스 운영사에 연락해요

SNS 계정을 해킹당했을 때는 서비스 운영사에 연락합니다. 시간이 조금 걸리겠지만 계정을 원래대로 복구할 수도 있습니다.

운 좋게 계정을 되찾았다면 해킹당한 메일 주소와 비밀번호를 사용하는 서비스의 경우, 해킹을 방지하기 위해 바로 비밀번호를 변경하세요. 그리고 해킹한 범인이 나와 연결된 지인의 계정을 목표로 삼을 수도 있으니, 피해가 확산되지 않도록 다른 연락 수단을 통해 "지금 ○○ 계정을 해킹당했어."라고 알려 주세요.

읽을거리

가족이 함께 지키는
스마트폰 & 인터넷 규칙 12가지

아이에게 스마트폰을 주기로 결정했다면 그전에 우리 집의 스마트폰 규칙을 정해 둡니다. '실제로 사용해 보지 않으면 아이가 어떤 식으로 쓸지 모른다'고 생각할 수도 있습니다. 그러나 뭔가 문제가 일어날 때마다 계속 규칙을 만든다면, 아이는 납득하지 못할 것이고 부모도 스트레스가 쌓일 것입니다.

2016년 2월에 일본에서 발표한 '2015년도 청소년의 인터넷 이용환경 실태 조사'를 보면, 가정에서 '이용시간 등의 규칙을 정해 두었다'고 답한 비율은 초등학생이 31.1%, 중학생이 32.4%였습니다. 둘 다 30% 정도에 불과한데, 인터넷을 이용하는 게 자연스럽고 일상적인 일이어서인지 아니면 '말하지 않아도 알아서 잘 사용하겠지.' 하고 부모님이 암묵적으로 그냥 두어서인지는 알 수 없습니다. 문제를 막는 수단이 있는데도 실천하지 않으니 안타까운 생각이 듭니다.

미국 매사추세츠주에 사는 자넬 호프만이 13세인 아들 그레고리에게 처음으로 아이폰을 선물했을 때 건넨 '스마트폰에 관한 18가지 약속'은 미국 전체에 큰 반응을 불러일으켰고, 다른 나라에서도 크게 화제가 되었습니다. 그 내용은 1) 스마트폰은 부모가 구입한 것이므로 부모의 것이며 빌려준 부모에게 감사하기, 2) 부모에게 비밀번호를 꼭 알려 주기, 3) 전화 예절을 지키고 부모에게서 걸려 온 전화는 꼭 받기, 4) 사용 시간 지키기, 5) 학교에 가져가지 않기 … 18) 약속을 어기면 스마트폰 사용을 금지하고, 서로 이야기를 통해 다시 시작하기 등이었습니다. 이렇게 하면 스마트폰의 주도권이 부모에게 있다는 것을 명확히 하는 동시에, 부모는 늘 아이의 편이라는 사실도 전달할 수 있습니다.

그러나 이 항목들은 미국 사정에 맞춘 내용이므로 다른 나라에서 그대로 따르기는 조금 곤란합니다. 저는 딸이 중학교에 입학할 때 스마트폰을 사 주었는데, 그때 약속한 것이 다음의 다섯 가지입니다.

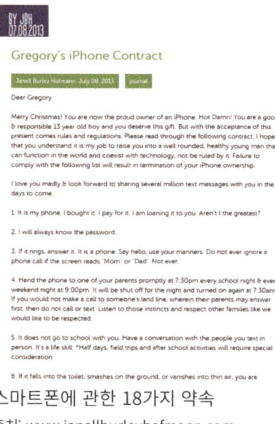
스마트폰에 관한 18가지 약속
출처: www.janellburleyhofmann.com

첫째, 비밀번호는 바꾸지 않는다

스마트폰은 '어디까지나 부모가 빌려주는 것이다'라는 사실을 감각적으로 느끼게 합니다. 스마트폰으로 부모에게 보이기 곤란한 것을 해서는 안 된다는 것을 인식시키고자 이와 같이 약속했지요. 그렇다고 해서 아이의 스마트폰을 늘 감시하는 것은 아닙니다. 뭔가 평소와 다른 이상한 모습이 보일 때만 확인하는 편입니다.

둘째, 스마트폰 이용은 밤 10시까지

아이가 동아리 활동이나 학원에서 돌아와 한숨 돌리는 밤 시간에는 친구들과 단체 채팅에 열중하거나 유튜브에서 눈을 떼지 못하는 등 스마트폰을 손에서 놓지 않는 모습을 종종 볼 수 있습니다. 아마 자녀가 있는 부모라면 공감할 것입니다. 따라서 '스마트폰은 밤 10시까지'로 시간을 정해 성장기인 아이의 수면 시간을 확보할 필요가 있습니다. 그러면 아이들도 '부모와 약속한 시간이 되었기 때문에'라는 이유로 자연스럽게 채팅에서 벗어날 수 있지요.

셋째, 중학생이라면 '기능 제한'을 걸어 둔다

저희 집에서는 '트위터를 이용하는 것은 고등학생부터'로 정했습니다. 친구와 소통하기 위해 카카오톡을 하는 것은 허락했지만, 트위터는 친구를 넘어서 전 세계로 정보를 확산할 수 있는 도구이기 때문에 인터넷 예절을 좀 더 공부하고 나서 사용하는 게 좋으니까요. 또, 애플리케이션의 설치와 결제, 브라우저 이용도 아이폰의 기능 제한을 사용해 저에게 허가받도록 하고 있습니다.

넷째, 모르는 사람과 연락하거나 만나지 않는다

카카오톡에서도 그룹 채팅이나 오픈 채팅을 통해 모르는 사람과 만나는 경우가 있습니다. 스마트폰을 처음 사용하는 아이는 아직 인터넷 너머의 상대를 올바르게 판단할 수 있는 수준이 아닙니다. 그러므로 카카오톡으로 친구를 맺을 때, 실제로 만난 적이 있어서 아는 사람으로 한정하도록 철저히 가르치는 게 좋습니다.

다섯째, 온라인 말씨에 주의한다

SNS에서 대화는 주로 글을 통해 이루어집니다. 게다가 대화의 대부분이 짧은 문장이라서, 자신의 속마음이 상대에게 제대로 전해지지 않아 관계에 문제가 발생하는 경우도 적지 않습니다. 그래서 저는 저녁 식사를 하면서 '친구에게 메시지를 보낼 때는 올바른 단어를 선택해야 한다'는 이야기를 딸에게 자주 하는 편입니다.

가정마다 분위기와 사고방식이 다르고 아이마다 개성이 다릅니다. 여기에서 소개한 예는 어디까지나 저희 가정의 사례이니 참고만 하세요. 가정에서 일반적으로 정해 두면 좋은 규칙을 아래에 예로 들어 두었으니, 각 가정의 생활과 자녀의 연령에 어울리는 내용으로 부모와 자녀가 함께 의논해 '○○네 스마트폰 사용 규칙'을 만들어 보세요.

스마트폰 사용 규칙의 예

❶ 스마트폰 이용 시간은 밤 10시까지!
  (게임 이용 시간 등 애플리케이션마다 지정해도 괜찮습니다.)
❷ 스마트폰은 거실에서 사용한다.
  (화장실과 방에 가지고 들어가지 않는다, 잘 때는 거실에 둔다 등 장소를 한정합니다.)
❸ 실명과 학교명, 주소 등의 개인 정보를 인터넷에 올리지 않는다.
❹ 부모님과 학교에 보여서는 곤란한 내용의 사진이나 동영상, 글을 인터넷에 올리지 않는다.
❺ 다른 사람의 사생활에 관한 정보를 올리지 않는다.
❻ 모르는 사람을 혼자 만나지 않는다.
❼ 인터넷에서 돈을 사용할 때는 반드시 부모님과 상의한다.
❽ 스마트폰에 필터링을 걸어 둔다. 필터링을 끄는 시기는 부모님이 정한다.
❾ 애플리케이션과 동영상을 마음대로 다운로드 하지 않는다.
❿ 남의 글과 사진, 동영상을 작성한 본인의 허가 없이 사용하지 않는다.
⓫ 스마트폰과 비밀번호는 부모님을 제외한 다른 사람과 공유하지 않는다.
⓬ 조금이라도 곤란한 일이나 궁금한 점이 생기면 부모님이나 선생님과 상담한다.

부록 1 스마트폰 의존에서 벗어나요

• **나는 스마트폰에 얼마나 의존하는지 체크해 봐요**

언제부터인가 스마트폰이 없으면 불안하지 않나요? 스마트폰에 의존하는 정도가 심하면 일상생활에서도 문제가 생길 수 있어요. 스마트폰을 올바르게 사용하기 위해서는 내가 스마트폰에 얼마나 의존하는지 파악해야 해요. 다음 문항 중에 해당하는 것이 많을수록 더욱 주의하세요!

☐ 스마트폰으로 카톡 등 메시지를 수시로 확인해요.
☐ 학교나 학원 수업 시간에 스마트폰을 사용한 적이 있어요.
☐ 자려고 누워서 스마트폰을 봐요.
☐ 밥 먹을 때도 스마트폰을 보고, 화장실에도 들고 가요.
☐ 실제로 만나는 친구보다 스마트폰으로 만나는 친구가 더 많아요.
☐ 스마트폰이 없으면 불안해요.
☐ 친구와 함께 있을 때도 계속 스마트폰을 쳐다봐요.
☐ 스마트폰을 사용할 때가 가장 신나고, 사용하지 못하면 지루해요.
☐ 가족이나 친구와 어울리는 것보다 스마트폰으로 노는 게 더 즐거워요.
☐ 스마트폰을 사용하지 않을 때도 계속 생각해요.
☐ SNS에 올라온 글을 보고 공격적으로 댓글을 달아요.
☐ 하루 중 절반 이상을 스마트폰에 사용해요.
☐ 스마트폰이 없는 생활은 상상할 수조차 없어요.
☐ 모든 일에서 스마트폰이 최우선이에요.
☐ 스마트폰이 울리지 않았는데 울린 것 같은 환청이나 환각을 경험한 적이 있어요.
☐ 외톨이라는 생각이 들고, 의욕이나 목표가 없어요.
☐ 죽고 싶은 충동을 느낀 적이 있어요.

심각해요!

• 오늘부터 스마트폰 의존에서 탈출!

스스로를 돌아보았을 때 평소에 스마트폰을 중심으로 생활하고 있다면, 스마트폰 의존에서 탈출하기 위해 다음과 같이 노력해 보세요.

- ☑ **공공장소에서** 스마트폰 예절을 지켜요.
- ☑ **길을 걸으며** 스마트폰을 보지 않도록 주의해요.
- ☑ 사람들과 이야기할 때는 스마트폰을 내려놓고 **대화에 집중해요.**
- ☑ **공부할 때나 일할 때는** 방해받지 않도록 진동이나 무음 모드로 설정해요.
- ☑ 스마트폰 보는 시간을 줄이고, 음악 감상이나 운동 등 다른 **취미 생활을 해요.**
- ☑ 집에서는 미리 정한 장소에 스마트폰을 보관하는 등 **스마트폰과 거리를 두어요.**
- ☑ 평소에 내가 스마트폰을 어떻게 사용하고 있는지 **스스로 점검해요.**
- ☑ 스마트폰 관리 앱으로 **사용한 내용을** 주기적으로 확인해요.
- ☑ 스마트폰을 이용하는 **시간과 공간을 정해 두고** 꼭 지켜요.

• 스마트폰 사용 규칙을 정해요

스마트폰 중독을 예방하기 위해 스마트폰 사용 규칙을 정해 보세요. 규칙을 정할 때는 가족이 함께 정하는 것이 좋아요.

❶ 시간: 평일에는 하루에 30분, 휴일에는 하루에 1시간 등으로 하루에 사용할 시간과 언제 사용할지를 정해요.

❷ 장소: 집에서는 거실, 밖에서는 학원 공부를 마치고 돌아오는 길 등으로 사용할 장소를 정하고, 사용 금지 장소도 정해요.

❸ 전화(문자): 전화(문자)는 보호자와 친구 등 아는 사람에게 꼭 연락할 필요가 있을 때와 긴급한 상황일 때만 사용해요.

❹ SNS: 카카오톡, 페이스북 등 한 가지만 정해서 사용해요.

❺ 내용: 함부로 회원 가입 하지 않기, 앱이나 사진 다운로드 하지 않기, 사진 업로드 하지 않기 등 보호자가 없을 때 하지 말아야 할 내용과 보호자가 함께 있을 때만 가능한 내용 등을 정해요.

아래 예시처럼 스마트폰 사용 규칙을 적어서 냉장고나 현관문, 거실 등 잘 보이는 곳에 붙여 두세요!

스마트폰 사용 규칙

이름: 이길벗(11세), 작성일: 5월 10일

▶ 평일에는 저녁 7시부터 30분 동안, 휴일에는 오후 1시~8시 사이에 1시간 동안 사용한다.
▶ 집에서는 거실에서만 사용한다.
▶ 전화와 문자는 가족과 학교 친구하고만 사용한다.
▶ 인터넷은 공부에 필요할 때만 사용한다.
▶ 다운로드와 업로드, 유료 결제는 부모님과 의논한 뒤 이용한다.

부록 2 인터넷과 스마트폰 사용을 조절하도록 도와줘요

• '인스탑'을 알고 있나요?

인터넷과 스마트폰 사용 조절이 필요한 청소년이라면 '인스탑'을 기억하세요! 인스탑은 여성가족부에서 운영하는 프로그램이에요. 미디어 이용 습관을 스스로 조절하지 못하는 청소년을 대상으로 하며, 상담자와 청소년이 일대일로 매칭하여 7회기 프로그램을 수행하면 되지요. 모바일과 PC 모두 가능해요.

먼저 포털 사이트에서 '인스탑'을 검색해, 모바일이나 PC 홈페이지에 접속하세요. 그런 다음 '청소년 회원 가입 → 프로그램 수행 및 1:1 피드백 → 프로그램 수료' 순으로 진행하면 됩니다. 청소년 회원으로 가입할 때는 입력한 이름과 휴대폰 명의가 같아야 해요. 휴대폰이 보호자 명의로 되어 있다면 보호자 이름으로 회원 가입을 진행하세요.

인스탑 프로그램의 회기별 구성 내용은 다음과 같아요.

- **1회기**: 나의 미디어 이용 습관 알기
- **2회기**: 미디어 사용 욕구 다루기 및 목표 설정하기
- **3회기**: 미디어 사용 생각 바꾸기
- **4회기**: 감정 인식 및 조절하기
- **5회기**: 대안 활동 계획 세우기
- **6회기**: 유혹 상황 다루기
- **7회기**: 상담 목표 점검 및 재발 방지 다루기

인스탑에서는 선생님과 상담도 할 수 있어요. 인스탑 홈페이지에서 '상담선생님과 함께하기'를 누르면 된답니다. 프로그램 회기를 진행할 때마다 아이템을 추가하며 '나만의 미니룸' 꾸미는 재미도 함께 느껴 보세요. 재미와 함께 스마트폰과 인터넷 사용 조절 능력이 크게 자랄 거예요.

• 스마트폰 중독 상담 센터 소개

스마트폰과 인터넷 중독에서 벗어나고 싶다면 상담을 받을 수 있어요. 건강한 생활을 되찾을 수 있도록 도와주는 곳들을 소개할게요.

❶ **1388 청소년 사이버 상담센터**
www.cyber1388.kr

청소년 시기에 겪는 인터넷·스마트폰 중독, 가출, 학업 중단 등 여러 가지 고민을 상담할 수 있는 곳이에요. 인터넷과 스마트폰으로는 게시판 상담이나 채팅, 카카오톡 상담이 가능해요. 일반 전화는 1388번, 스마트폰은 지역번호+1388번으로 걸면 365일, 24시간 상담할 수 있어요.

❷ **스마트쉼센터**
www.iapc.or.kr

과학기술정보통신부와 행정안전부가 공동으로 관리하는 한국지능정보사회진흥원에서 운영하는 사이트예요. 인터넷과 스마트폰에 지나치게 의존하는 사람들을 돕기 위한 예방 사업과 전문적인 상담 사업을 진행해요.

❸ **한국청소년상담복지개발원**
www.kyci.or.kr

청소년이 스마트폰과 인터넷에 지나치게 의존하는 것을 예방하는 사업과 학교 폭력을 예방하는 사업을 주로 진행해요. '인스탑(인터넷 스마트폰 스탑(STOP))'을 운영하는 기관이기도 해요. 전국의 청소년 상담 센터 연락처를 안내해 주어, 자기가 사는 곳의 상담 센터를 찾기에 편리해요.

찾아보기

ㄱ

개인끼리 거래	102
개인 정보	82
개인정보침해센터	84
거짓 정보	48
거짓 청구	84
검색	26, 34
검색 이력	40
게시물	24
계정 해킹	82, 86, 141, 145
공유	48
광고성 메일	84

ㄴ

나무위키	34
나쁜 동영상	52
네트워크	20
네티즌 수사대	30

ㄷ

다운로드	56, 90, 134
단체 채팅방	92
디지털 성범죄	28
디지털 절도	122

ㄹ

라이브 방송	110
라인	24

ㅁ

말투	94
매너 모드	128
무음 모드	124
무음 카메라 애플리케이션	124, 128
무통장 입금	100
문자 입력 자동 완성 기능	40

ㅂ

범죄	93
범죄자	54
보안 소프트웨어	144
보행 중 스마트폰 사용	120
보호 나라	84
북마크	40
불법 다운로드	138
블로그	40
비밀번호	140, 142
비행기 모드	42

ㅅ

사기 메일	86
사물인터넷	22
사이버 따돌림	95
서비스 운영사	62, 145
선불 카드	108
소셜 네트워크 서비스	24
스노우	90
스마트폰 매너	124
스마트폰 사용 규칙	129
스마트폰 사용 시간	118
스팸 메일	84, 86
시메지	90
신용 카드	106
신원 탄로	30

ㅇ

아카이브	62, 80
악성 댓글	30, 80
알뜰폰	114
애플리케이션	56, 90, 104
업로드	29, 89, 136
에어플레인 모드	42
오픈 마켓	102

위키피디아	34
유튜브	52, 136
유해 정보	50
육아정책연구소	36
이동통신사	20
익명성	30
인스타 감성	130
인스타그램	24
인스타그램 스토리	96
인앱 결제	104
인터넷	20
인터넷 경매	102
인터넷 백과사전	34
인터넷 사주	142
인터넷 쇼핑	100

ㅈ

저작권	134, 136
저작권 상담 사례집	136
저작권법	122, 135
전자상거래법	100
정보	34
좋아요	24, 130

159

찾아보기

ㅊ

초상권 침해	126
친구 추천	44

ㅋ

카카오톡	24, 86

ㅌ

트위치	110
트위터	24, 43, 82, 88
틱톡	24, 52

ㅍ

페이스북	24
포털 사이트	34
필터링	50

ㅎ

한국저작권위원회	136
해킹	86
후불 결제	100

기타

100문 100답	142
DM(다이렉트 메시지)	82
Exif	88
SNS	24
SNS 의존증	24
SNS 피로 증후군	24
URL	100